新闻舆论方略

杜哲 ◎ 著

中国传媒大学出版社
·北京·

图书在版编目(CIP)数据

新闻舆论方略/杜哲著.—北京：中国传媒大学出版社，2021.6
ISBN 978-7-5657-2945-4

Ⅰ.①新… Ⅱ.①杜… Ⅲ.①新闻工作-舆论-研究 Ⅳ.①G210

中国版本图书馆CIP数据核字(2021)第098819号

新闻舆论方略
XINWEN YULUN FANGLUE

著　　者	杜　哲
策划编辑	张莉莉
责任编辑	张莉莉
封面设计	拓美设计
责任印制	李志鹏

出版发行	中国传媒大学出版社
社　　址	北京市朝阳区定福庄东街1号　邮　编　100024
电　　话	86-10-65450528　65450532　传　真　65779405
网　　址	http://cucp.cuc.edu.cn
经　　销	全国新华书店
印　　刷	唐山玺诚印务有限公司
开　　本	710mm×1000mm　1/16
印　　张	14.5
字　　数	174千字
版　　次	2021年6月第1版
印　　次	2021年6月第1次印刷
书　　号	ISBN 978-7-5657-2945-4/G·2945　定　价　85.00元

本社法律顾问：北京李伟斌律师事务所　郭建平
版权所有　翻印必究　印装错误　负责调换

目 录
Contents

001　绪论：习近平关于新闻舆论工作的重要论述

001　第一节　习近平总书记对新闻舆论工作的重要论述

007　第二节　习近平总书记谈媒体融合发展

008　第三节　新闻舆论工作的方针原则

042　**第一章　新闻传播**

042　第一节　新闻的定义和特征

048　第二节　新闻与事实、信息、历史的关系

052　第三节　新闻传播效应

065　第四节　借助新闻媒体讲故事

068　第五节　新闻策划

076　**第二章　新闻宣传**

076　第一节　新闻与宣传的关系

080　第二节　宣传的概念和类型

081	第三节	宣传效应
088	第四节	宣传中的注意事项
091	第五节	典型宣传

104	**第三章**	**新闻发布**
104	第一节	新闻发言人制度
105	第二节	新闻发布规范
119	第三节	新闻发布策略

127	**第四章**	**新兴媒体**
127	第一节	新兴媒体概况
141	第二节	微博传播
163	第三节	微信传播
172	第四节	自媒体内容生产与运营

198	**第五章**	**新闻舆论**
198	第一节	新闻传播发展
204	第二节	新媒体传播规律
212	第三节	舆情处置与媒体应对
216	第四节	突发事件与舆情应对

| 223 | **参考文献** |
| 224 | 后　记 |

绪论：习近平关于新闻舆论工作的重要论述

第一节 习近平总书记对新闻舆论工作的重要论述

党的十八大以来，以习近平同志为核心的党中央，根据新时代党和国家工作的实际需要，牢牢把握时代脉搏，积极回应时代关切，回应时代传播技术变革大潮，对党的新闻舆论工作在新的时代条件下如何统筹推进"五位一体"总体布局、协调推进"四个全面"战略布局，鼓舞激励亿万人民为实现"两个一百年"奋斗目标、实现中华民族伟大复兴中国梦，创造性地提出了许多新任务新要求，积累了许多新闻舆论工作的新经验新理论，形成了符合新时代需要、具有新时代特点的新闻思想，将中国共产党新闻思想推进到了一个新的阶段，为马克思主义新闻观的中国化、时代化谱写了新的篇章。习近平总书记从国内外意识形态领域的复杂形势、国际传媒激烈竞争的严峻态势和我国新闻队伍思想道德作风的实际状况出发，对党的新闻舆论工作所面临的新形势新任务作出了宏观思考和战略布局，提出了许多新思想新观点。

一、对党的新闻舆论工作性质地位作出新定位

2016年2月19日，习近平总书记在党的新闻舆论工作座谈会上，用"一项重要工作""一件大事"和"五个事关"准确表述新闻舆论工作的重要地位和作用。他指出，党的新闻舆论工作是党的一项重要工作，是治国理政、定国安邦的大事。做好党的新闻舆论工作，事关旗帜和道路，事关贯彻落实党的理论和路线方针政策，事关顺利推进党和国家各项事业，事关全党全国各族人民凝聚力和向心力，事关党和国家前途命运。

习近平总书记强调，新闻媒体是各种势力争夺的重要阵地，新闻舆论工作处在意识形态斗争最前沿。我们千万不能天真、不能大意、不能退缩。要坚持从党的工作全局出发把握党的新闻舆论工作，做到思想上高度重视、工作上精准有力。

二、对党的新闻舆论工作职责使命作出新表述

习近平总书记在党的新闻舆论工作座谈会上指出："在新的时代条件下，党的新闻舆论工作的职责和使命是：高举旗帜、引领导向，围绕中心、服务大局，团结人民、鼓舞士气，成风化人、凝心聚力，澄清谬误、明辨是非，联接中外、沟通世界。"这六个方面、"48个字"，对新闻舆论工作职责使命作出了最集中、最鲜明的新概括，体现了时代和形势发展对新闻舆论工作提出的新要求，指明了新时代新闻舆论工作的努力方向。

习近平总书记强调，要承担起新闻舆论工作的职责使命，坚持正确政治方向是第一位的。要旗帜鲜明地坚持党性原则、增强看齐

意识，做到爱党、护党、为党。要弘扬主旋律、传播正能量，不断巩固壮大主流思想舆论阵地。要遵循新闻传播规律，创新方法手段，不断提高新闻舆论工作的能力和水平。要培养造就一支党和人民放心的新闻舆论工作队伍。

三、对党的新闻舆论工作方针原则作出新论断

习近平总书记强调，新闻舆论工作要牢牢坚持党性原则，最根本的是坚持党对新闻舆论工作的领导；牢牢坚持马克思主义新闻观，将其作为党的新闻舆论工作的"定盘星"；牢牢坚持正确舆论导向，做到所有工作都有利于坚持中国共产党领导和社会主义制度，有利于推动改革发展，有利于增进全国各族人民团结，有利于维护社会和谐稳定；牢牢坚持正面宣传为主，始终把团结稳定鼓劲、正面宣传为主作为党的新闻舆论工作必须遵循的基本方针。习近平总书记指出，党和政府主办的媒体是党和政府的宣传阵地，必须姓党。坚持党性和坚持人民性是一致的、统一的，把党性原则贯穿到新闻宣传和舆论引导全过程。要深入开展马克思主义新闻观教育，引导广大新闻舆论工作者做党的政策主张的传播者、时代风云的记录者、社会进步的推动者、公平正义的守望者。要坚持以正确的舆论引导人，把坚持正确舆论导向贯穿新闻舆论工作各个方面、各个环节，层层把关、人人负责。要坚持巩固壮大主流思想舆论，弘扬主旋律，传播正能量，激发全党全社会团结奋进、攻坚克难的强大力量，调动各方面积极性、主动性、创造性。

四、对党的新闻舆论工作创新发展作出新擘画

习近平总书记对新闻舆论工作创新发展高度重视，强调"新闻

宣传是否善于创新，是否能够做到常做常新，是其发展壮大、保持强大生命力的关键"。他在全国宣传思想工作会议上明确指出："做好宣传思想工作，比以往任何时候都更加需要创新。"他在视察解放军报社时要求，新闻舆论工作必须坚持"创新为要"。他在党的十九大报告中指出，要"高度重视传播手段建设和创新，提高新闻舆论传播力、引导力、影响力、公信力"。

习近平总书记指出，随着形势发展，党的新闻舆论工作必须创新理念、内容、体裁、形式、方法、手段、业态、体制、机制，增强针对性和实效性。要适应分众化、差异化传播趋势，精准定位受众，善于设置议题，形成全方位、多层次、多声部的主流舆论矩阵，加快构建舆论引导新格局。要推动融合发展，主动借助新媒体传播优势，打造一批新型主流媒体，占领信息传播制高点。要抓住时机、把握节奏、讲究策略，从时度效着力，体现时度效要求。

五、对网上新闻舆论工作作出新部署

面对媒体格局、舆论生态、受众对象、传播技术发生的深刻变化，习近平总书记指出，互联网已经成为舆论斗争的主战场。在互联网这个战场上，我们能否顶得住、打得赢，直接关系我国意识形态安全和政权安全。习近平总书记强调，做好网上舆论工作是一项长期任务，要根据形势发展需要，"把网上舆论工作作为宣传思想工作的重中之重来抓"。要提高网络综合治理能力，形成党委领导、政府管理、企业履责、社会监督、网民自律等多主体参与，经济、法律、技术等多种手段相结合的综合治网格局。要顺应互联网发展大势，勇于创新、勇于变革，利用互联网特点和优势，推进理念、内容、手段、体制、机制等全方位创新。要强化互联网思维和一体化发展理念，推动各种媒介资源、生产要素有效整合，推动信息内容技术应用、平台终端、人才队伍共享融通。要增强阵地意识，敢于发声、敢于亮剑，尽快掌握网络舆论场上的主动权，不能被边缘化了。要加强网络内容建设，做强网上正面宣传。要把握好网上舆论引导的时度效，使网络空间清朗起来。

六、对国际传播能力建设作出论述

习近平总书记着眼于国内外舆论环境的发展变化，对加强国际传播能力建设进行了深刻思考。他指出，国际舆论格局目前"西强我弱"，我国新闻媒体国际传播能力还不够强，声音总体偏小偏弱，西方主要媒体左右着世界舆论。中国在世界上的形象很大程度上仍是"他想"而非"自卑"，我们在国际上有时还处于"有理说不出，说了传不开"的境地，存在着信息流进流出的"逆差"、中国真实形象和西方主观印象的"反差"、软实力和硬实力的"落差"。习近平总书记强调，传播力决定影响力。要讲好中国故事、发出中国声音、阐释中国特色，让世界认识一个立体多彩的中国。要增强国际话语权，加强对外传播话语体系建设，打造融通中外的新概念、新范畴、新表述。要下大气力加强国际传播能力建设，优化战略布局，集中优势资源，着力打造具有较强国际影响力的外宣旗舰媒体，让全世界都能听到并听清中国声音。

七、对加强新闻舆论工作队伍建设提出新要求

习近平总书记反复强调人才对新闻舆论工作的极端重要性。在党的新闻舆论工作座谈会上，他强调："媒体竞争关键是人才竞争，媒体优势核心是人才优势。"做好党的新闻舆论工作，关键在人。新

闻舆论工作队伍的政治素养、理论水平、政策水平、业务能力，直接关系党的新闻舆论工作效果。习近平总书记提出，要"加快培养造就一支政治坚定、业务精湛、作风优良、党和人民放心的新闻舆论工作队伍"。

习近平总书记勉励新闻舆论工作者要做到"四向四做"：坚持正确政治方向，做政治坚定的新闻工作者；坚持正确舆论导向，做引领时代的新闻工作者；坚持正确新闻志向，做业务精湛的新闻工作者；坚持正确工作取向，做作风优良的新闻工作者。强调宣传思想部门工作要强起来首先是领导干部要强起来，班子要强起来。要选好配强领导班子，把德才兼备、真正"有两把刷子"的干部选好用好，对不适合、不适应的坚决作出调整。要"聚天下英才而用之"，实行更加积极、更加开放、更加有效的人才政策，深化新闻单位干部人事制度改革，党政主管部门对新闻工作者要在政治上充分信任、工作上大胆使用、生活上真诚关心、待遇上及时保障。

习近平总书记强调，"做好宣传思想工作必须全党动手"，"宣传思想部门承担着十分重要的职责，必须守土有责、守土负责、守土尽责"。他要求各级党委担负起政治责任和领导责任，加强对宣传思想领域重大问题的分析研判和重大战略性任务的统筹指导，不断提高领导宣传思想工作的能力和水平。他提出要树立"大传"的工作理念，动员各条战线各个部门一起来做，把宣传思想工作同各个领域的行政管理、行业管理、社会管理更加紧密地结合起来。

习近平总书记高度重视新闻舆论工作，他的一系列重要讲话，从党和国家事业发展全局的战略高度，就党的新闻舆论工作的性质地位、职责使命、方针原则、创新发展、网上舆论、国际传播、队伍建设等重大问题，做了全面系统、深刻的论述，形成了博大深邃的新闻思想，是马克思主义新闻观中国化的最新成果。我们要以习近平新时代中国特色社会主义思想为指引，深刻领会、全面把握习近平新闻思想的精神实质和丰富内涵，用其武装头脑、指导实践，展示新气象、实现新作为、创造新功绩，为实现"两个一百年"奋斗目标、实现中华民族伟大复兴的中国梦不断作出新的更大的贡献。

第二节　习近平总书记谈媒体融合发展

推动媒体融合发展、建设全媒体成为我们面临的一项紧迫课题。要运用信息革命成果，推动媒体融合向纵深发展，做大做强主流舆论，巩固全党全国人民团结奋斗的共同思想基础，为实现"两个一百年"奋斗目标、实现中华民族伟大复兴的中国梦提供强大的精神力量和舆论支持。全媒体不断发展，出现了全程媒体、全息媒体、全员媒体、全效媒体，信息无处不在、无所不及、无人不用，导致舆论生态、媒体格局、传播方式发生深刻变化，新闻舆论工作面临新的挑战。

我们要因势而谋、应势而动、顺势而为，加快推动媒体融合发展，使主流媒体具有强大传播力、引导力、影响力、公信力，形成网上网下同心圆，使全体人民在理想信念、价值理念、道德观念上紧紧团结在一起，让正能量更强劲、主旋律更高昂。

要坚持一体化发展方向，通过流程优化、平台再造实现各种媒介资源、生产要素的有效整合，实现信息内容、技术应用、平台终端、管理手段共融互通，催化融合质变，放大一体效能，打造一批具有强大影响力、竞争力的新型主流媒体。

要坚持移动优先策略，让主流媒体借助移动传播，牢牢占据舆论引导、思想引领、文化传承、服务人民的传播制高点。

要探索将人工智能运用在新闻采集、生产、分发、接收、反馈中，全面提高舆论引导能力。

要统筹处理好传统媒体和新兴媒体、中央媒体和地方媒体、主流媒体和商业平台、大众化媒体和专业性媒体的关系，形成资源集约、结构合理、差异发展、协同高效的全媒体传播体系。

要依法加强新兴媒体管理，使我们的网络空间更加清朗。

要抓紧做好顶层设计，打造新型传播平台，建成新型主流媒体，扩大主流价值影响力版图，让党的声音传得更开、传得更广、传得更深入。

要旗帜鲜明坚持正确的政治方向、舆论导向、价值取向，通过理念、内容、形式、方法、手段等创新，使正面宣传质量和水平有一个明显提高。

主流媒体要及时提供更多真实客观、观点鲜明的信息内容，掌握舆论场主动权和主导权。

要从维护国家政治安全、文化安全、意识形态安全的高度，加强网络内容建设，使全媒体传播在法治轨道上运行。

要全面提升技术治网能力和水平，规范数据资源利用，防范大数据等新技术带来的风险。

第三节 新闻舆论工作的方针原则

习近平总书记站在新的历史方位，着眼党和国家工作大局，科学界定了党的新闻舆论工作的性质和地位，明确了党的新闻舆论工作的职责使命，提出了党的新闻舆论工作必须坚持的方针原则，使党的新闻舆论工作站位更高、责任更重、方向更明。习近平总书记关于党的新闻舆论工作性质作用、职责使命、方针原则的重要思想，是做好党的新闻舆论工作的科学指南，是广大新闻舆论工作者的根本遵循。

一、新闻舆论工作的地位作用

习近平总书记指出，"党的新闻舆论工作是党的一项重要工作，是治国理政、定国安邦的大事"，强调"做好党的新闻舆论工作，事关旗帜和道路，事关贯彻落实党的理论和路线方针政策，事关顺利推进党和国家各项事业，事关全党全国各族人民凝聚力和向心力，事关党和国家前途命运"。习近平总书记对党的新闻舆论工作性质、地位和作用作出的新概括，把新闻舆论工作放到了全局性、根本性、战略性的重要位置，在党和国家工作全局中举足轻重，与党和国家前途命运紧紧相连。

习近平总书记在党的新闻舆论工作座谈会上的讲话中，强调了"党的新闻舆论工作"这一重要概念。把新闻宣传工作拓展为新闻舆论工作，把新闻舆论工作定位为党的新闻舆论工作，加大了工作范围，加深了工作内涵，加重了工作地位，突出了新闻舆论工作的时代性、整体性和意识形态属性。这个定位，进一步密切了新闻舆论工作与党的关系，新闻舆论工作是党的重要工作，而不是其他性质其他人的工作；深化了党的领导责任，党的重要工作党必须管起来，必须加强和改善党对新闻舆论工作的领导。

（一）舆论工作是党的一项重要工作

舆论工作之所以重要，根本原因在于舆论工作是党的意识形态工作的重要方面，是最前沿、最直接、最有影响力的意识形态工作，是党的工作的重要组成部分，直接服务于党的工作全局。

习近平总书记指出："经济建设是党的中心工作，意识形态工作是党的一项极端重要的工作。"意识形态工作极端重要，作为意识形态工作重要组成部分的新闻舆论工作无疑同样重要。

意识形态属于上层建筑，包括政治、法律、道德、哲学、艺术、宗教等多种形式。经济基础决定上层建筑，社会存在决定社会意识。上层建筑又反作用于经济基础，意识形态反作用于社会存在，影响社会发展。党的意识形态工作之所以极端重要，就在于它关系社会心态走向，关系社会价值导向，关系社会思想观念。马克思指出："如果从观念上来考察，那么一定的意识形式的解体足以使整个时代覆灭。"习近平同志说过："凡是要推翻一个政权，总要先造舆论，总要先做意识形态方面的工作。革命的阶级是这样，反革命的阶级也是这样。"习近平总书记指出"任何新闻宣传都是为一定的党派和社会团体服务的，都是他们经济政治利益的集中反映。"历史证明，得意识形态者得天下，失意识形态者失天下；安意识形态者安天下，乱意识形态者乱天下。

经济建设工作与意识形态工作相辅相成、互相促进，是党的工作的一体两翼，缺一不可。党的十届三中全会以来，我们党始终坚持以经济建设为中心，集中精力把经济建设搞上去、把人民生活搞上去。同时，高度重视意识形态工作，为经济建设营造良好氛围，为改革开放保驾护航。实践证明，只有物质文明建设和精神文明建设都搞好，国家物质力量和精神力量都增强，全国各族人民物质生活和精神生活都改善，中国特色社会主义事业才能顺利向前推进。

新闻舆论是意识形态的一种重要形式，具有广泛的传播性、内在的思想性、深刻的影响性，与社会现实紧密相连，具有巨大的社会力量。真实是新闻舆论的生命，真实最有力量，及时准确报道事实，告诉人们事实真相，描述社会发展真实进程，可以促进人们完整把握事实、准确认识社会。新闻舆论蕴含思想观点，有思想就有力量。尊重客观事实，传播正确思想观点，坚持正确价值导向，新闻舆论工作可以正向影响人、引导人。新闻舆论是大众传播，具有强大的社会动员能力。面向亿万群众，持续不断地进行宣传报道，可以潜移默化，日积月累，形成推动社会进步的力量。当然，新闻舆论可以成为正面的力量，也可以成为负面的力量，关键是看新闻舆论掌握在什么人手里，向什么方向发展。舆论导向正确，就能凝聚人心、汇聚力量，推动事业发展；舆论导向错误，就会动摇人心、瓦解斗志，危害党和人民事业。

党的新闻舆论工作是时代进步的航标灯，是经济社会发展的助推器，是凝聚人心的黏合剂。我们党历来重视新闻舆论工作，在革命、建设和改革各个历史时期，都运用新闻媒体来传播真理、组织群众、推动工作。新时代做好新闻舆论工作责任重大，它在实现中国梦的伟大进程中发挥引领作用，在意识形态斗争中发挥主导作用，在经济社会发展中发挥促进作用，在团结人民共同奋斗中发挥凝聚作用。做好新闻舆论工作是现实的要求，是历史的重任。

新闻舆论工作处在意识形态斗争最前沿。随着社会主义市场经济的深化、对外开放的扩大、互联网时代的到来，我们国家的舆论环境、媒体格局、传播方式发生深刻变化，社会舆论复杂多变。敌对势力也在进行意识形态渗透，争夺舆论阵地，争夺人心。新闻舆论是意识形态斗争最直接、最突出的领域，占领这一重要的思想舆论阵地，在多元多样中掌握舆论主导权，在复杂多变中引领舆论走向,是党的新闻舆论工作的紧迫任务。我们必须增强主动性,掌握主动权,打好主动仗,坚决打赢新闻舆论争夺战。

我们党领导革命、建设和改革的历程充分说明,党的新闻舆论工作是党的工作的重要组成部分,新闻舆论工作与党的工作大局密不可分,有机统一,相辅相成。新闻舆论工作在党的工作全局中发挥着不可替代的作用,要听党指挥,为党工作,着眼大局,服务大局。党的十八大以来中央主要媒体宣传习近平新时代中国特色社会主义思想,阐释党中央重大决策和工作部署,反映人民伟大实践和精神风貌,唱响了主旋律,传播了正能量,有力激发了全党全国各族人民为实现中华民族伟大复兴的中国梦而团结奋斗的强大力量。

(二) 新闻舆论工作是治国理政、定国安邦的大事

习近平总书记强调,党的新闻舆论工作"是治国理政、定国安邦的大事"。这是对新闻舆论工作性质、作用的新定位,使新闻舆论工作与党的执政地位紧密联系在一起,直接服务于党的执政大业,在治国理政、定国安邦中发挥巨大作用。

中华人民共和国成立后,我们党从革命党转变为执政党,治国理政、定国安邦成为基本任务。治理一个全新的国家,在贫穷落后的人口大国实现国家发展、人民幸福,是一个崭新的重大课题,是前无古人的伟大事业。我们党不断探索实践,取得了举世瞩目的成就。党的十八届三中全会提出,全面深化改革的总目标就是完善和发展中国特色社会主义制度,推进国家治理体系和治理能力现代化。完善国家治理体系,提高国家治理能力,在此基础上,治国理政、定国安邦将更加科学有效,更加持续完善。

治国理政、定国安邦离不开新闻舆论工作,新闻舆论工作是治国理政、定国安邦的重要内容和手段。治国理政、定国安邦,发展

是第一要务。中国特色社会主义是全面发展的社会主义。党的十八大提出了"五位一体"的中国特色社会主义总体布局：坚持以经济建设为中心，在经济不断发展的基础上，协调推进政治建设、文化建设、社会建设、生态文明建设。发展新闻事业，做好新闻舆论工作是"五位一体"建设的重要内容和重要手段。人民群众通过新闻媒体了解党和政府的决策信息，提出对党和政府工作的意见建议，是实现其知情权、参与权、监督权的一个重要方式，是人民当家作主的需要，是政治现代化的体现。新闻事业是社会主义文化事业的重要组成部分。发展各类新闻媒体，拓展现代传播渠道，让人们方便快捷地了解信息、增长知识、开阔视野，满足人民群众日益增长的信息、精神、文化需要，是社会主义文化繁荣的一个重要标志。新闻舆论工作更是"五位一体"建设的重要推动力量。做好新闻舆论工作，为"五大建设"提供舆论支持，凝聚精神力量，有利于落实"五位一体"总体布局。

治国理政、定国安邦，战略方略是可靠保障。党的十八大后，以习近平同志为核心的党中央提出了"四个全面战略布局，即全面建成小康社会、全面深化改革、全面依法治国、全面从严治党"。"四个全面"战略布局的提出更完整地展现出新一届中央领导集体治国理政总体框架和方略，使当前和今后一个时期，党和国家各项工作的关键环节、重点领域、主攻方向更加清晰，内在逻辑更加严密，为实现"两个一百年"奋斗目标、实现中华民族伟大复兴的中国梦提供了理论指导和实践指南。落实"四个全面"战略布局，新闻舆论工作是重要抓手。深入宣传"四个全面"战略布局重大意义，全面展示"四个全面"战略布局取得的成效，关注研究"四个全面"战略布局落实中的难点问题，推动"四个全面"战略布局贯彻落实，是治国理政的需要，也是新闻舆论工作的重要责任。

治国理政、定国安邦，提高治理水平是紧迫课题。习近平总书记指出："必须适应国家现代化总进程，提高党科学执政、民主执政、依法执政水平，提高国家机构履职能力，提高人民群众依法管理国家事务、经济社会文化事务、自身事务的能力，实现党、国家、社会各项事务治理制度化、规范化、程序化，不断提高运用中国特色社会主义制度有效治理国家的能力。"提高治理水平是一个上下沟通、官民互动、协商共治的过程。这个过程需要发挥新闻舆论传递政策、反映民意、沟通协商的作用，充分了解群众意见，集中群众智慧，使各项治理都建立在民意基础上，使各项治理都得群众的理解支持，使各项治理都在群众监督之下。这将大大促进科学执政、民主执政、依法执政水平的提高。

治国理政、定国安邦，根本在于人心向背。习近平总书记指出："一个政党，一个政权，其前途和命运最终取决于人心向背。"执政必须把人心作为最大政治。习近平总书记曾引用《管子》的话，"政之所兴在顺民心"。我们党始终坚持执政为了人民，执政依靠人民。新闻舆论工作是思想性、导向性的工作，贴近人心、影响人心。新闻舆论的基本功能是报道事实，澄清真相，传播知识，传播思想。做好新闻舆论工作，有利于人民了解事实真相、接受正确思想观念、提升文化素养、形成社会共识，有利于万众一心投身于中国特色社会主义事业。新闻舆论工作是社会精神力量的凝结剂，也是社会压力的减压器、社会情绪的调节器。畅通群众表达意见渠道，引导群众正确认识经济社会发展中的问题，有利于理顺社会情绪、化解社会矛盾，促进社会和谐稳定。治国理政、定国安邦，需要良好的舆论环境。治国理政、定国安邦，工作千头万绪，没有良好舆论环境，什么事情都会举步维艰，什么工作都难以开展。新闻舆论工作是专门营造舆论环境的工作，与治国理政、定国安邦各项工作相伴相生，做好舆论工作应通过宣传引导，促进共识，为各项工作造势助力、铺路架桥，推动工作深入开展。

（三）"五个事关"关关重大

习近平总书记指出："做好党的新闻舆论工作，事关旗帜和道路，事关贯彻落实党的理论和路线方针政策，事关顺利推进党和国家各项事业，事关全党全国各族人民凝聚力和向心力，事关党和国家前途命运。""五个事关"关系的都是党和国家全局性的工作，关系的都是人民群众的根本利益，关系的都是党和国家的长远发展。"五个事关"是治国理政、定国安邦大事的集中体现，是对新闻舆论工作定位、作用的进一步深化和拓展。

"五个事关"把新闻舆论工作与党和国家工作大局更紧密地联系在一起。带领人民实现"两个一百年"奋斗目标，实现中华民族伟大复兴的中国梦，是党的伟大历史使命，事关党和国家前途命运，有赖于党和国家长治久安。面对国际风云变幻、意识形态斗争空前尖锐、复杂的情况，面对经济转型、社会转轨时期的各种矛盾和挑战，能不能做好各项工作，实现"两个一百年"奋斗目标，实现中华民族伟大复兴的中国梦，确实关系党和国家前途命运。做好新闻舆论工作，坚持正确舆论导向，全面营造有利于坚持党的领导和社会主义制度、有利于推动改革发展、有利于增进全国各族人民团结、有利于维护社会和谐稳定的舆论环境，就有利于增进人民群众对党和国家的认同，促进人民群众与社会主义事业同心同德，使党和国家继续向着光明前途前进。新闻舆论工作持党性原则，就要发挥好这五个方面的作用，这是坚定的党性立场。

"五个事关"把新闻舆论工作与人民更加紧密地联系在一起。中国共产党来自人民,为了人民,服务人民。完成伟大历史使命,实现宏伟目标,是人民群众的迫切愿望,造福的是广大人民群众。"五个事关"都关系人民的根本利益,都关系发挥人民聪明才智。积极宣传新的伟大道路的进程、成就,充分反映人民群众呼声要求,有助于党和国家的声音落地,有助于焕发人民群众精神力量,有助于推动"五个事关"贯彻落实。新闻舆论工作坚持以人民为中心的工作导向,实现好、维护好、发展好人民群众的根本利益和长远利益,这是最重要的为人民服务。"五个事关","关关"重大。使命在此,大局在此,重任在此,作为在此。新闻舆论工作要勇于担当,不负重托。

(四)从党的工作全局出发把握定位

习近平总书记指出:"必须从党的工作全局出发把握党的新闻舆论工作,做到思想上高度重视、工作上精准有力。"从党的工作全局出发把握党的新闻舆论工作,既是对新闻舆论工作的准确定位,也是对新闻舆论工作的基本要求。

在大局中定位,新闻舆论工作方显重要;在大局下行动,新闻舆论工作才有作为。把握大局,就要坚持政治家办新闻。习近平总书记强调,"坚持政治家办新闻,就是要围绕中心、服务大局"。新闻舆论工作者要牢牢把握这一定位,做到思想上高度重视、工作上精准有力。

思想上高度重视,就要把新闻舆论工作当作重中之重,放到党和国家全局中去谋划。要以促进国家和民族团结发展、维护党和国家整体利益作为工作的出发点和落脚点,作为策划选题、宣传报道的衡量标准,作为检验工作的最高尺度,推动新闻舆论工作与党和国家大局更加紧密地联系在一起。

工作上精准有力，就要紧紧围绕党和国家的方针政策、重大部署开展工作。要抓住涉及治国理政的战略问题，抓住广大群众关注的现实问题，抓住国内外发生的热点问题，找准思想认识的共同点、情感交流的共鸣点、利益关系的交汇点、化解矛盾的切入点，不断提高工作实效。

习近平总书记把新闻舆论工作定性于党的重要工作，定位于治国理政、定国安邦的大事，要求它在"五个事关"中发挥重要作用，这充分表明新闻舆论工作的地位之高、责任之重、作用之大，新闻舆论工作天高地广大有作为。

二、新闻舆论工作的职责使命

习近平总书记指出："在新的时代条件下，党的新闻舆论工作的职责和使命是：高举旗帜、引领导向，围绕中心、服务大局，团结人民、鼓舞士气，成风化人、凝心聚力，澄清谬误、明辨是非，联接中外、沟通世界。"

习近平总书记所讲的这六个方面、"48个字"，继承并创新发展了中国共产党对新闻舆论工作职责使命的一贯精神，是对新闻舆论工作职责使命最集中最鲜明最准确的概括，体现了新时代对新闻舆论工作的新要求，指明了新时代新闻舆论工作的努力方向。

（一）新时代赋予其新的职责使命

新闻舆论工作的职责使命，与时代紧紧相连，与党的使命任务密不可分。

我们正处在一个新的时代，中国共产党正承担着伟大的历史使命。经过长期努力，中国特色社会主义进入了新时代。习近平总书记在党的十九大报告中指出:"这个新时代,是承前启后继往开来、在新的历史条件下继续夺取中国特色社会主义伟大胜利的时代,是决胜全面建成小康社会、进而全面建设社会主义现代化强国的时代,是全国各族人民团结奋斗、不断创造美好生活、逐步实现全体人民共同富裕的时代,是全体中华儿女勤力同心、奋力实现中华民族伟大复兴中国梦的时代,是我国日益走近世界舞台中央、不断为人类作出更大贡献的时代。"新时代要有新作为。我党正在为实现中华民族伟大梦想进行伟大斗争、建设伟大工程、推进伟大事业。

新时代赋予我们新任务,伟大事业需要凝聚伟大力量。作为党的工作重要组成部分的新闻舆论工作,在中国特色社会主义新时代,无疑要承担起更大的职责、更重的使命,为决胜全面建成小康社会、全面建设社会主义现代化强国,实现中华民族伟大复兴的中国梦,提供思想引领、价值导向、精神支持、舆论保障。

(二)"48个字"职责使命字字千钧

1. 高举旗帜、引领导向

高举旗帜、引领导向,是新闻舆论工作政治性和导向作用的集中体现,与旗帜、道路、方向这些决定党和国家前途命运的根本性问题有关。

党的十八大、十九大都强调高举中国特色社会主义伟大旗帜。中国特色社会主义是党和人民长期奋斗、创造、积累的根本成就。习近平总书记指出:"党和国家的长期实践充分证明,只有社会主义才能救中国,只有中国特色社会主义才能发展中国。新时代中国特色社会主义思想,明确坚持和发展中国特色社会主义,总任务是实现社会主义现代化和中华民族伟大复兴,在全面建成小康社会的基础上分两步走，在本世纪中叶建成富强民主文明和谐美丽的社会主义现代化强国。"中国特色社会主义是团结的旗帜、奋进的旗帜、胜利的旗帜。高举中国特色社会主义旗帜、引领时代前进方向，推进中国特色社会主义伟大事业，是新闻舆论工作的根本职责使命，是中国特色社会主义新闻事业最鲜明的特色，是新闻舆论工作者最光荣的任务。高举旗帜、引领导向，就要牢固树立政治意识，增强道路自信、理论自信、制度自信、文化自信，坚持马克思主义指导地位，高举中国特色社会主义伟大旗帜，深入学习宣传贯彻习近平新时代中国特色社会主义思想，巩固马克思主义在意识形态领域的指导地位，巩固全党全国人民团结奋斗的共同思想基础；就要深入开展中国特色社会主义宣传教育，全面、准确、生动地解读中国特色社会主义道路理论、制度、文化，以正确的舆论引导人，用生动的事实引导人，做到所有工作都有利于坚持党的领导和中国特色社会主义制度。

2. 围绕中心、服务大局

围绕中心、服务大局，是新闻舆论工作服务性和促进作用的集中体现，关系贯彻落实党的理论和路线方针政策，关系顺利推进党和国家各项事业。

经济建设是全党工作的中心。党的十一届三中全会以来，全党工作重心从阶级斗争转向经济建设，开启了改革开放历史进程，经济快速发展，经济总量位居世界第一，综合国力显著增强，人民生活大大改善。但是，我们仍处于社会主义初级阶段，我国仍是世界上最大的发展中国家，发展水平与发达国家相比还有较大差距，社会主义现代化建设的任务还远远没有完成，发展仍是解决一切问题的前提，发展仍是党执政兴国的第一要务。党的十八大以来以习近平同志为核心的党中央作出了对经济发展阶段的新判断：经济发展进入新常态；提出了新发展理念：创新发展、协调发展、绿色发展、开放发展、共享发展；明确了新的宏观调控方向：推进供给侧结构性改革；部署了新一轮的改革：以经济体制改革为重点，全面深化改革。党的十九大开启了全面建设社会主义现代化国家新征程，提出贯彻新发展理念，建设现代化经济体系。围绕经济建设这个中心，服务党和国家工作大局，推动经济社会发展，是新闻舆论工作最基本的职责使命，是新闻舆论工作的主战场和主攻方向。

围绕中心、服务大局，就要坚持经济建设这个中心不动摇，心无旁骛，不受干扰，不偏方向，咬定青山不放松，一心一意谋发展；就要坚决服从服务于党和国家的工作大局，服从服务于党和国家的决策部署，服从服务于推进改革发展稳定，坚持在大局下思考、在大局下行动，不缺位不错位，有作为；就要认真贯彻中央决策部署，把经济宣传放到突出位置，用新发展理念指导经济宣传，用新常态的大逻辑研判经济形势，将供给侧结构性改革贯穿经济报道，以全面深化改革把握报道方向。深入解读经济政策，科学分析经济形势，热情宣传建设成就，展示经济建设光明前景，稳定民心。

3. 团结人民、鼓舞士气

团结人民、鼓舞士气，是新闻舆论工作人民性和鼓动作用的集中体现，关系落实党全心全意为人民服务的宗旨，关系党性和人民性的统一。

人民是国家的主人，是社会主义事业的主体，是新的伟大进程的主力。我们党来自人民，服务人民。新闻舆论同样来自人民，服务人民。习近平总书记指出："保持同人民群众的血肉联系，始终是我们党立于不败之地的根基。""我们要适应新形势下群众工作的新特点新要求,深入做好组织群众、宣传群众、教育群众、服务群众工作,虚心向群众学习,诚心接受群众监督,始终植根人民、造福人民,始终保持党同人民群众的血肉联系,始终与人民心连心、同呼吸、共命运。"新闻舆论工作是党联系群众的重要纽带,是党的群众工作的重要通道。团结人民、鼓舞士气,是新闻舆论工作的光荣传统,是新闻舆论工作最神圣的职责使命。

团结人民、鼓舞士气,就要坚持以人民为中心的工作导向,服务人民、贴近人民、团结人民、激励人民,满足人民群众对新闻信息的需求。同时,把服务群众与教育引导群众相结合,把满足需求与提高素养相结合,丰富人民的精神世界,增强人民的精神力量;就要坚持团结鼓劲、以正面宣传为主,弘扬主旋律、传播正能量,多宣传报道人民群众的伟大奋斗和火热生活,多宣传报道人民群众中涌现出来的先进典型,让人民群众唱主角、发强音;就要多宣传报道经济社会中的发展亮点,多宣传报道时代发展中的主流面貌,激发全党全社会团结奋进、攻坚克难的强大力量,调动各方面的积极性、主动性、创造性。

4. 成风化人、凝心聚力

成风化人、凝心聚力,是新闻舆论工作文化性和教育作用的集中体现,关系树立社会主义核心价值观,关系形成良好社会风尚、社会面貌。

文化乃人文化成。成风化人就是倡导良好社会风气,感染影响社会大众。习近平总书记指出:"精神的力量是无穷的,道德的力量也是无穷的。中华文明源远流长,孕育了中华民族的宝贵精神品格,培育了中国人民的崇高价值追求。自强不息、厚德载物的思想,支撑着中华民族生生不息、薪火相传,今天依然是我们推进改革开放和社会主义现代化建设的强大精神力量。"新闻舆论工作是更直接更有影响力的文化工作,新闻舆论可以循循善诱、潜移默化,影响人的价值观念、心态走向、精神面貌。成风化人、凝心聚力,是新闻舆论工作职责使命的新概括,是新闻舆论工作的文化担当。

成风化人、凝心聚力,就要发挥文化的教育作用,提倡文明道德,弘扬正风正气,引领社会风尚,引导教化群众,激发群众的精神活力;就要大力宣传社会主义核心价值观,使社会主义核心价值观内化为人们的精神追求、外化为人们的自觉行动;就要积极宣传优秀道德文化,扬社会之善,褒正气之举,鞭丑恶之行,推动良好党风政风民风家风的形成;就要深入宣传时代精神,鼓励人们改革创新、努力奋斗、实现价值,为改革发展凝聚强大力量。

5. 澄清谬误、明辨是非

澄清谬误、明辨是非,是新闻舆论工作原则性和思想作用的集中体现,关系意识形态安全,关系形成社会共识。

生活百态,气象万千。事物在矛盾运动中发展,真理在同谬误斗争中常青,是非在交锋中分明。新闻舆论本身就是多种信息的交集、多种声音的交汇、多种观念的交流,也是正谬、是非的交锋。新闻舆论不仅是一个信息的大平台,也是一个意识形态的大阵地。当今时代,人们的思想观念日趋多元、多样、多变,人们的疑问、疑虑、疑惑增多,一些人心态浮躁、急躁、焦躁。面对日趋复杂的社会意识的影响,新闻舆论阵地不可能是真空,正确的思想舆论不去占领,必然被错误的思想舆论占领。习近平总书记强调:"在我们的新闻宣传中,决不能出现政治性差错,决不能给错误的思想和观点提供传播渠道,决不能宣传同党的方针政策相悖的观点和做法,决不能片面地错误地宣传党的方针政策。"澄清谬误、明辨是非,是新闻舆论工作坚持原则、守土有责的重要职责使命，在尖锐复杂的意识形态斗争中更显重要。

澄清谬误、辨明是非，就要激浊扬清，是非分明，传播真理，批判谬误，壮大主流声音，加强意识形态主导权；就要敢于亮剑交锋，不给错误思想、错误观点以空间，用真理的力量说服人，用生动的事实教育人；就要敢于面对矛盾问题，善于科学分析问题，理性回答问题，回应社会关切，解疑释惑，析事明理，引导群众形成共识。

6. 联接中外、沟通世界

联接中外、沟通世界，是新闻舆论工作开放性和沟通作用的集中体现，关系坚持扩大对外开放基本国策，关系增强国家文化软实力。

习近平总书记指出："文明因交流而多彩，文明因互鉴而丰富。文明交流互鉴，是推动人类文明进步和世界和平发展的重要动力。"党的十八大以来，我国坚持对外开放的基本国策，坚持互利共赢的开放战略，不断提高开放型经济水平。习近平总书记提出"一带一路"倡议，推动构建人类命运共同体，赢得广泛国际共识。新闻舆论工作者是文化使者，是国际交流合作的桥梁。联接中外、沟通世界，是新闻舆论工作职责使命的新拓展，是新闻传播事业的新发展。

联接中外、沟通世界，就要统筹国内国际传播，把握国际新闻传播趋势，有效扩大中国新闻传播的世界影响力；就要坚持国家站位、全球视野，运用现代传播手段和国际传播渠道，讲好中国故事，讲好中国正在做的事情，讲好"一带一路"倡议，传播好中国声音，增强国际话语权；就要加强国际新闻舆论交流合作，学习国际先进传播技术，借鉴人类优秀文化成果，促进各国人民之间的相互沟通和了解。

（三）忠实履行新闻舆论工作职责使命

六个方面、"48个字"的职责使命，涵盖新闻舆论工作的方方面面，体现了思想性、理论性、实践性和指导性的统一，体现了继承传统与开拓创新的统一，是相辅相成、相得益彰的有机整体。

要忠实履行新闻舆论工作职责使命。新闻舆论工作职责使命是党的重托、人民的期待，它无比重要，无上光荣。忠实履行新闻舆论工作职责使命，是党和人民对新闻舆论工作的根本要求，是做好新闻舆论工作的基本途径。忠实履行新闻舆论工作职责使命，是新闻媒体和新闻舆论工作者政治意识、大局意识、责任意识的集中体现，是新闻舆论工作社会价值、职业价值的集中体现。新闻职业能力在履行职责使命中彰显，新闻人才在履行职责使命中成长。要深刻理解、准确把握职责使命的内在逻辑和基本要求，把职责使命作为新闻舆论工作的座右铭、方向标，内化于心、外化于行；坚定不移、坚持不变，不断增强履行职责使命的自觉性，创新履行职责使命的方式方法，提高履行职责使命的能力水平。

要全面履行新闻舆论工作职责使命。处理好突出重点与全面把握的关系，既要突出重点，又要平衡协调。不同时期、不同阶段，工作侧重点有所不同，要突出抓好重点任务，同时要全面把握职责使命的要求，把职责使命体现在具体任务之中，用职责使命指导具体工作。

三、新闻舆论工作的基本原则

习近平总书记指出，要承担起新闻舆论工作的职责使命，"必须把政治方向摆在第一位，牢牢坚持党性原则，牢牢坚持马克思主义新闻观,牢牢坚持正确理论导向,牢牢坚持正面宣传为主"。这些原则既是党的新闻舆论工作经验的宝贵总结,是党的新闻舆论工作光荣传统的继承发扬,又体现了新时代的新要求,赋予了新的内涵,是做好新闻舆论工作的根本保证。做好新闻舆论工作必须牢牢把握、时时遵循这些原则。

(一) 牢牢坚持党性原则

习近平总书记强调:"党的新闻舆论工作坚持党性原则,最根本的是坚持党对新闻舆论工作的领导。党和政府主办的媒体是党和政府的宣传阵地,必须姓党。党的新闻舆论媒体的所有工作,都要体现党的意志、反映党的主张,维护党中央权威、维护党的团结,做到爱党、护党、为党;都要增强看齐意识,在思想上政治上行动上同党中央保持高度一致。"习近平总书记这些论述指明了新闻舆论工作党性原则的基本内容和要求,是对马克思主义新闻观党性原则的新发展。

1. 党媒必须姓党

习近平总书记强调,党和政府主办的媒体是党和政府的宣传阵地,必须姓党。党媒姓党,是党的媒体的根本属性,是新闻舆论工作党性原则最根本的原则。党媒姓党,是党媒的客观属性,不是强加的,也不是臆造的。党的性质、党的新闻舆论工作性质、党与媒体的关系决定了党媒姓党。

党媒理应姓党。革命、建设、改革各个历史时期,党始终都是坚强领导核心。正是在党的领导下,中国革命在风雨中前行,社会主义建设如火如荼,改革开放高歌猛进。我们党作为执政党,是中国特色社会主义事业的领导核心,是实现中华民族伟大复兴的中流砥柱。党政军民学，东西南北中，党是领导一切的。新闻舆论事业是中国特色社会主义事业的重要组成部分，新闻舆论工作不可能脱离党的领导，必须自觉接受党的领导，体现党的要求。

党媒天生姓党。党的新闻舆论工作是党的事业的重要组成部分，是党的一项重要工作，是党治国理政、定国安邦的大事。党媒因党而生，因党而兴。党要管党，当然要领导党的新闻舆论工作，管理党的新闻事业，发挥党的媒体的重要作用。

党媒必然姓党。党和政府主办的媒体，是党的宣传阵地，体现党的意志，为党的事业服务。没有党主办，就不会有党媒的存在；没有党领导，就不会有党媒的发展。历史已证明，坚持党的领导，党媒就兴旺发达；背离党的领导，党媒就走上邪路。

党媒始终姓党。党媒姓党是党的新闻舆论工作的优良传统。1921年中国共产党第一次全国代表大会通过的决议中，就明确提出宣传工作是党的事业的重要组成部分，须置于党的统一领导之下。从第一个党的机关报《向导》开始，党的报刊就始终与党风雨同舟，党的媒体始终与党密不可分，成为推进党的工作的有力武器。

坚持党媒姓党，就是要摆正新闻媒体与党的关系，自觉自愿地接受党的领导，毫不动摇地听从党的指挥，一心一意地服务于党的事业。斗转星移，时代变迁，历史条件发生了很大变化，但是党的性质、党媒的属性、党和媒体的关系没有变。党性原则没有变，党媒就必须姓党。

2. 党媒必须听党指挥

党媒姓党，党媒为党。党媒的属性决定了党媒必须听从党的指挥。

听党指挥，最重要的是树立政治意识、核心意识。坚决维护以习近平同志为核心的党中央权威和集中统一领导，始终在思想上政治上行动上同以习近平同志为核心的党中央保持高度一致。认真学好党的理论和路线方针政策，学好习近平新时代中国特色社会主义思想，弄清中央决策部署的重要意义，掌握习近平新时代中国特色社会主义思想的精神实质，提高与党中央保持高度一致的思想自觉性。

看齐就是行动，以党中央为标杆，以党的要求为尺子，改革创新，不断提高新闻宣传工作水平，以实际行动维护以习近平同志为核心的党中央权威。

听党指挥，就要一切行动服务于党的事业。党媒言党，党媒为党。党的意志就是媒体的意志，党的事业就是媒体的事业，党的声音就是媒体的声音。一切工作都要紧紧围绕中央的决策部署，突出宣传党的主张，准确解读党和国家政策，积极推动实际工作进展。

听党指挥，就要令行禁止。牢固树立纪律意识，严守政治纪律、组织纪律、宣传纪律，自觉维护党中央权威，自觉严格要求，做到守规矩、听招呼、有底线。

听党指挥，就要自觉接受新闻管理。凡是有人群的地方就会有管理，没有不受管理的事业。党中央以及党的领导机关对党的新闻事业实行管理、调控，是党媒姓党的直接体现。从大局出发管理，从宏观上进行调控，有利于党在大局下行动，保持正确的舆论导向。党媒要服从统一部署，不能各行其是；要听从提示提醒，不能我行我素。新闻管理也要适应形势变化，改进创新，依法管理，科学管理，注意发挥媒体的积极性、创造性。

3. 坚持党性和人民性相统一

习近平总书记指出，要坚持党性和人民性相统一，把党的理论和路线方针政策变成人民群众的自觉行动，及时把人民群众创造的经验和面临的实际情况反映出来，丰富人民精神世界，增强人民精神力量，满足人民精神需求。党性和人民性从来都是一致的、统一的。我们党是全心全意为人民服务、代表中国最广大人民根本利益、来自人民和为了人民的马克思主义政党。从本质上说，坚持党性就是坚持人民性，坚持人民性就是坚持党性。

党的利益与人民利益相统一。全心全意为人民服务是党的根本宗旨，以人民为中心是党的一切工作的出发点。党代表最广大人民群众的根本利益，党没有自己的特殊利益。人民的利益就是党的利益，人民的追求就是党的追求。

党的执政地位与人民的主体地位相统一。我国是人民当家作主的社会主义国家，人民是国家的主人。党作为执政党，代表人民治国理政。党的执政地位来自人民的授权和拥护，人民是党执政的最深厚基础。

党在新时代的历史使命与人民的愿望要求相统一。党在新时代的历史使命，正是广大人民的迫切愿望。人民要求国家富强、生活富裕，劳动更有尊严，生活更加体面，在改革发展中有更多的获得感。

党和人民关系相统一决定了新闻舆论工作党性和人民性相统一。党的新闻舆论工作性质与人民对新闻舆论的要求相一致。党的新闻舆论工作坚持以人民为中心的工作导向，就要与党和人民同呼吸共命运。党性和人民性都是整体性的政治概念。党性寓于人民性之中，人民性体现在党性之中。没有脱离人民性的党性，也没有脱离党性的人民性。只有站在全党的立场上、站在全体人民的立场上，才能真正把握好党性和人民性。

党性来源于人民性，党性引领人民性。党是中国工人阶级的先锋队，也是中国人民和中华民族的先锋队，代表中国先进生产力的发展要求，代表中国先进文化的前进方向，代表中国最广大人民的根本利益。这种先进性集中体现了人民群众的要求，引领人民性发展的方向。习近平总书记指出："我们强调的党性，包含着人民性的深刻内涵。我们党是代表人民利益的党，她没有独立于人民利益的自身利益。但我们党既代表人民的眼前利益，也代表人民的长远利益；既代表人民的局部利益，也代表人民的全局利益；党的路线、方针、政策，党对每一件事情的看法和主张，应该说就是人民愿望、要求的充分体现，就是人民的看法和主张。"

坚持党性和人民性相统一，就要坚持认识上的一体性，不能把二者对立、割裂，二者内在统一，相辅相成，你中有我，我中有你，坚持党性就是坚持人民性，坚持人民性就是坚持党性。把党性与人民性割裂甚至对立起来，认为人民性高于党性，坚持党性会损害人民性，这既不符合马克思主义新闻观，也脱离党的新闻工作实践。坚持党性和人民性相统一，就要坚持实践上的一体性，把宣传党的主张和反映人民呼声有机结合，二者不是各自独立的工作，更不是对立的工作，而是一体进行的工作，既接"天气"，又接"地气"。宣传党的主张要有群众视角，找到对接点，让人民群众喜闻乐见；反映人民呼声，回应社会关切，要有全局视野，促进党和政府政策主张更加完善有效。

（二）牢牢坚持马克思主义新闻观

习近平总书记指出："新闻观是新闻舆论工作的灵魂。"要深入开展马克思主义新闻观教育，引导广大新闻舆论工作者做党的政策主张的传播者、时代风云的记录者、社会进步的推动者、公平正义的守望者。

马克思主义是关于人类社会发展的科学思想体系,是我们党和国家的指导思想,是共产党人安身立命的根本。习近平总书记指出:"对马克思主义的信仰,对社会主义和共产主义的信念,是共产党人的政治灵魂,是共产党人经受住任何考验的精神支柱。"科学理论指导社会实践,革命、建设、改革都离不开马克思主义的指导。

马克思主义新闻观是马克思主义关于新闻舆论的一系列思想观点,是马克思主义基本原理在新闻舆论领域的体现,是马克思主义立场、观点、方法在新闻舆论工作中的应用,是新闻舆论工作的理论指南,是新闻工作者的价值导向。在新闻舆论领域坚持马克思主义,就要坚持马克思主义新闻观。人无魂不立,业无魂不远。新闻舆论工作是管导向的,要引领社会前进的方向。新闻观是新闻工作者的精神方向、力量源泉,决定着新闻工作者的思想导向。牢牢坚持马克思主义新闻观,坚持正确导向,激发工作的动力,才能做好党的新闻舆论工作。

马克思主义新闻观创立已经有170多年,历史时代社会条件已经发生了很大的变化,但是马克思主义新闻观并没有过时,仍然指导着我们今天的新闻舆论工作。马克思主义新闻观的基本原理仍有强大生命力。时代变化了,但是新闻媒体的性质作用没有发生根本变化,新闻舆论工作的基本属性没有发生根本变化,无产阶级政党的性质任务没有发生根本变化,马克思主义新闻观的基本原理、观点、方法仍然适用。马克思主义新闻观创始人马克思、恩格斯关于党报党刊的基本观点,比如,党报党刊是党的重要思想武器和政治阵地,党报党刊必须遵守和阐述党的纲领和策略原则,党报党刊应当代表和捍卫无产阶级和人民大众的利益,党报党刊要成为党内批评的强大思想武器,党报党刊要处理好与党的领导机关的关系,同样适用于今天党的新闻舆论工作。

我们党关于新闻舆论工作的思想观点是中国化的马克思主义新闻观,是活的马克思主义新闻观。我们党继承马克思主义新闻观的基本原理,总结党的新闻舆论工作的具体实践,丰富发展了马克思主义新闻观,形成了具有中国特色的新闻思想。在长期革命、建设、改革实践中,我们党提出了许多关于新闻舆论工作的重要思想观点,指导党的新闻舆论工作与时俱进。在新时代条件下,习近平总书记阐明了党的新闻舆论工作的性质、作用、职责、任务、原则,创新和发展了马克思主义新闻观,是马克思主义新闻观中国化的最新理论成果,是中国特色社会主义新闻事业发展的理论指导。

牢牢坚持马克思主义新闻观,就要深入开展马克思主义新闻观教育,让新闻工作者弄懂其基本原理,掌握基本原理,学会用马克思主义新闻观分析新闻舆论工作新形势、新特点,总结新闻舆论工作新实践、新经验,这样才能让马克思主义新闻观入脑、入心,让马克思主义新闻观有用、有效,成为新闻工作者的思想武器。

牢牢坚持马克思主义新闻观,就要自觉贯彻马克思主义新闻观,用马克思主义新闻观指导新闻舆论工作具体实践。新闻舆论工作者要坚持马克思主义立场、观点、方法,坚定理想信念,不要被西方新闻观迷惑,不要迷失前进方向,像习近平总书记希望的那样:坚持正确政治方向,做政治坚定的新闻工作者;坚持正确舆论导向,做引领时代的新闻工作者;坚持正确新闻志向,做业务精湛的新闻工作者;坚持正确工作取向,做作风优良的新闻工作者。

(三) 牢牢坚持正确舆论导向

习近平总书记指出:"新闻舆论工作各个方面、各个环节都要坚持正确舆论导向。"坚持正确舆论导向，是新闻舆论工作的生命线。

新闻是对事实的报道，舆论是各种声音的汇集。报道什么样的事实、怎样报道事实，发出什么样的声音、怎样发出声音，不可能不受到报道者和表达者立场、观点、方法的影响，不可能不打上一定的阶级、阶层、党派、团体的烙印，不可能不刻有人们价值理念的痕迹。报道有思想，舆论有倾向。新闻舆论客观上具有倾向性、方向性、政治性。马克思主义新闻观从来不否认新闻的客观性，也不隐藏新闻的政治性。马克思、恩格斯指出："报纸最大的好处，就是它每日都能干预运动，能够成为运动的喉舌。"毛泽东同志曾指出："新闻工作，要看是政治家办，还是书生办。""搞新闻工作，要政治家办报。"习近平总书记指出："坚持政治家办新闻，就是要牢牢把握新闻宣传工作的正确方向。"党的新闻舆论工作要承担起职责使命，就要坚持正确的政治方向，把政治方向摆在第一位，牢牢把握正确舆论导向。

舆论导向正确与否，对舆论走向影响很大，会产生巨大的社会作用。舆论导向正确，舆论走向正面积极，有利于人们形成共识、同心同德，有利于改革发展稳定大局，有利于党和国家长治久安。舆论导向错误，舆论走向负面消极，造成人心涣散、离心离德，破坏改革发展稳定大局甚至造成社会动荡，危害党和国家前途命运。习近平总书记指出："新闻宣传一旦出了问题，舆论工具一旦不掌握在真正的马克思主义者手中，不按照党和人民的意志、利益进行舆论导向，就会带来严重的危害和巨大的损失。"历史经验已经证明，导向正确是党和人民之福，导向错误是党和人民之祸。

舆论导向是一种话语权、主导权，话语即权力，主导即决定。舆论本是众人之言、大家之议，但舆论并不是四海漫游，总会受到信息发布者和传播者立场、观点、方法的影响，受到信息接收者和扩散者自身立场、观点、方法的影响。滔滔之论总会有一定的重心和走向，汇聚成舆论洪流，形成强大的现实影响力。谁掌握舆论的话语权，谁就能引领舆论的走向。谁掌握舆论的主导权，谁就能整合舆论的力量。坚持正确舆论导向，是党对新闻舆论工作、意识形态工作领导权的直接体现。领导权通过话语权、主导权实现，话语权、主导权影响领导权。党要巩固意识形态领导权，营造改革发展稳定的良好舆论氛围，新闻舆论工作必须牢牢坚持正确的舆论导向。

新的形势要求新闻舆论工作更加重视导向。实现中华民族伟大复兴历史使命，任务极其艰巨，挑战前所未有。新闻舆论必须导向正确，为完成这一重任凝聚社会共识，释放精神力量。进入互联网时代，新闻传播格局发生巨大变化，媒体泛化，新媒体强化，受众分化，声音杂化，沟通难化，舆论热点频出，错误观点常有。面对众声喧哗，党的新闻舆论工作必须坚守主流舆论阵地，确保舆论导向正确，引导舆论走向正面健康。

坚持正确舆论导向，就要牢牢把握政治方向，服从服务党和国家工作大局，把"四个有利于"作为最重要最根本的导向，做到所有工作都有利于坚持党的领导和社会主义制度，有利于推动改革发展，有利于增进全国各族人民团结，有利于维护社会和谐稳定。

坚持正确舆论导向，就要敢于、善于进行舆论引导。加强对热点问题和突发事件的舆论引导，敢说话、早说话、会说话，积极回应社会关切。对热点难点问题要真实报道实际情况，全面分析问题原因，准确把握来龙去脉，提出合理可行的解决问题的思路建议，寻求社会共识，促进群众理解，稳定社会情绪。对重大公共突发事件要及时报道发声，公开信息，揭示真相，说明原因，推动善后，放大权威声音，消解杂音噪音，掌握舆论主动权。积极开展舆论斗争，坚决抵制各种错误思潮、错误言论。高度重视网上舆论引导，网上网下统一管理，唱响网上主旋律，弘扬网上正能量。

坚持正确舆论导向，就要全覆盖、无死角，打通所有媒体空间，贯穿所有媒体工作。习近平总书记强调："新闻舆论工作各个方面、各个环节都要坚持正确舆论导向。各级党报党刊、电台电视台要讲导向，都市类报刊、新媒体也要讲导向；新闻报道要讲导向，副刊、专题节目、广告宣传也要讲导向；时政新闻要讲导向，娱乐类、社会类新闻也要讲导向；国内新闻报道要讲导向，国际新闻报道也要讲导向。"这就要求我们必须树立起全方位坚持正确舆论导向的意识，把导向意识贯穿到工作的全过程，体现在工作的各方面，使正确舆论导向成为引领整个新闻舆论工作的鲜明旗帜。

（四）牢牢坚持正面宣传为主

习近平总书记指出："团结稳定鼓劲、正面宣传为主，是党的新闻舆论工作必须遵循的基本方针。"牢牢坚持正面宣传为主，是新闻舆论工作的重心和支点。

新闻舆论是对客观事物本来面貌的反映。社会生活有具体的事情，又有整体的面貌。微观组成宏观，但宏观不等于微观简单相加。我国经济社会的主流是发展进步，基本面是正面的事物，是积极的因素，是向上的力量，社会向好，事业向前，人心向善；消极负面的东西只能是支流、局部性的，是经济社会发展进步潮流中泛起的泡沫。坚持正面宣传为主，才能真实反映我国经济社会发展进步的全貌，准确描述我国人民积极向上的心态，有效发挥新闻舆论工作的正面导向作用。

履行新闻舆论工作的职责使命，必须坚持正面宣传为主。习近平总书记指出："我们正在进行具有许多新的历史特点的伟大斗争，面临的挑战和困难前所未有，必须坚持巩固壮大主流思想舆论，弘扬主旋律，传播正能量，激发全社会团结奋进的强大力量。"为党领导的伟大斗争助力开路、凝心聚力，新闻舆论工作就要坚持正面宣传为主，真实反映社会主流，汇聚向上力量。

做好正面宣传，就要把新闻舆论工作的重点始终放在党和国家工作大局上，聚焦中国梦、中国道路、中国理论、中国制度、中国精神、中国力量，高扬中国特色社会主义旗帜；聚焦经济建设这个中心，描画社会主义现代化进程，助力改革开放，推动经济社会发展；聚焦人民群众的生动实践，展示人民群众的精神风貌，让人民群众成为新闻舆论的主角；聚焦经济社会发展热点难点问题，答疑解惑，回应社会关切，有针对性地进行正面宣传。做好正面宣传，就要增强吸引力和感染力。正面宣传是对火热生动的社会生活的宣传，是对昂扬向上的精神力量的宣传。正面宣传必须是活的宣传，不能因循守旧、照本宣科、沉闷无趣。要创新宣传报道的内容和方法，适应互联网传播特点，把握人们新的心理需求和阅读特点，做好新形势下的正面宣传。解读党和国家大政方针，既要全面准确，又要找到和群众的接近点，让大政方针可懂可用。宣传建设成就，既要突出亮点，又要看到难点，把成绩说够，又留有余地，让建设成就可见可信。宣传先进人物，既要突出优秀品质，又要有人情味、生活情趣，让先进人物可亲可学。好的内容，要有好的包装。正面宣传报道要有现场、有故事、有细节、有情趣，语言鲜活。精心制作标题，不做"标题党"，但要标题亮。要运用互联网、新媒体等新的传播形式和方法，立体化、可视化、生活化地做正面宣传。

做好正面宣传，就要把握好微观宣传和宏观宣传的关系。新闻舆论工作要立足微观、面向宏观，从微观上深度挖掘、宏观上横向拓展。具体报道要体现主流的要求，一滴水见太阳，小报道有大格局。从宏观上把握报道更要体现主流的要求，从大局谋划报道布局，从主流把握报道重心，使新闻宣传始终打在时代的鼓点上，始终活跃在火热的生活中。坚持正面宣传为主，不是不要舆论监督。习近平总书记指出："舆论监督和正面宣传是统一的。新闻媒体要直面工作中存在的问题，直面社会丑恶现象，激浊扬清、针砭时弊，同时发表批评性报道要事实准确、分析客观。"舆论监督是人民当家作主的体现。毋庸讳言，我国经济社会发展进步过程中，仍然存在着许多热点难点问题，社会上还有不少丑恶现象，人民群众也有一些不满意的地方。人民群众通过媒体监督党和政府工作、反映意见呼声，有利于改进党和政府工作，促进问题解决，疏导社会情绪，化解社会矛盾，促进社会和谐稳定。舆论监督的作用与正面宣传的作用总体上是一致的。问题就摆在面前，逃避问题更成问题。迎着问题上，是新闻舆论工作的责任和担当。要把握好舆论监督与正面宣传的合理布局，统一部署组织正面宣传和舆论监督，在坚持正面宣传为主的同时，发挥舆论监督的积极作用。舆论监督报道要事实准确、科学理性，着眼于建设性。

牢牢坚持党性原则，牢牢坚持马克思主义新闻观，牢牢坚持正确舆论导向，牢牢坚持正面宣传为主。这些原则每一条都是党的新闻舆论工作的鲜明特色，都是党的新闻舆论工作的护身法宝，都是广大新闻工作者的行动指南。牢牢坚持这些原则，新闻舆论工作就能沿着正确的方向前进，在伟大的事业中大显身手。

四、加强和改进党对新闻舆论工作的领导

习近平总书记强调："加强和改善党对新闻舆论工作的领导，是

新闻舆论工作顺利健康发展的根本保证。""要坚持党管媒体原则,严格落实政治家办报要求,确保新闻宣传工作的领导权始终掌握在对党忠诚可靠的人手中。"加强和改进党对新闻舆论工作的领导,是新闻舆论工作最宝贵的传统和经验,也是新时代的重大课题和迫切需要。

(一)掌握意识形态工作的领导权

加强和改进党对新闻舆论工作的领导,实质是牢牢掌握意识形态工作领导权。习近平总书记在党的十九大报告中强调:牢牢掌握意识形态工作领导权。他指出:"意识形态决定文化前进方向和发展道路。必须推进马克思主义中国化时代化大众化,建设具有强大凝聚力和引领力的社会主义意识形态,使全体人民在理想信念、价值理念、道德观念上紧紧团结在一起。"

中国特色社会主义进入新时代,意识形态工作的重要作用更加凸显。进行伟大斗争,建设伟大工程,推进伟大事业,实现伟大梦想,都需要意识形态工作引领方向,凝聚力量,保驾护航。新形势下,意识形态领域的矛盾斗争更加尖锐,西方敌对势力图谋分化、西化中国,互联网带来的挑战和问题不断出现。作为意识形态的重要领域,新闻舆论工作处于意识形态斗争的最前沿。习近平总书记指出:"宣传思想部门承担着十分重要的职责,必须守土有责、守土负责、守土尽责。"做好新闻舆论工作,直接关系牢牢掌握意识形态工作的领导权。

牢牢掌握意识形态工作领导权,各级党委责无旁贷。要把意识形态工作、新闻舆论工作当作党的大事,当成分内事、自己事、必须管的事,思想上有位置,组织上有机构,人员上有队伍,工作上有机制。落实意识形态工作责任制,建立完善新闻舆论工作责任机制、运行机制、应急机制，经常研判舆论态势，分析舆论走向，及时主动布置安排新闻舆论工作，结合中心工作一道来做新闻舆论工作。

牢牢掌握意识形态工作领导权，必须坚持党管新闻、党管媒体，巩固意识形态阵地。各级党委要增强阵地意识、管理意识，管新闻、管媒体，一时一刻也不能放松，一条一块也不能丢掉，把所有媒体都置于党领导之下，都在党的管理之中。加强和改进党的领导，重在管导向、管阵地、管队伍。坚持全方位导向管理，覆盖所有媒体空间、所有传播载体，让主旋律正能量主导舆论。坚持全方位阵地管理，既要管好传统媒体，也要管好互联网等新媒体。坚持全方位队伍管理，既要管理好体制内的，也要管理好体制外的。

牢牢掌握意识形态工作领导权，新闻舆论工作就要坚持正确舆论导向，高度重视传播手段建设和创新，提高新闻舆论传播力、引导力、影响力、公信力；就要加强互联网内容建设，建立网络综合治理体系，营造清朗的网络空间，注意区分政治原则问题、思想认识问题、学术观点问题，旗帜鲜明反对和抵制各种错误观点。

（二）构建全党动手的大宣传格局

习近平总书记指出："要树立大宣传的工作理念，动员各条战线各个部门一起来做，把宣传思想工作同各个领域的行政管理、行业管理、社会管理更加紧密地结合起来。"构建全党动手的大宣传格局，是加强和改进党对新闻舆论工作领导的重要体现，是对我们党全党办报办宣传传统的继承和发展。

新闻舆论工作是社会性的工作、开放性的工作，与政治、经济、社会、文化等工作密切交织，如影随形，相互促进，相互影响。互联网时代，信息传播更加快捷开放透明，各种声音多元多样多变，舆情热点随时形成，社会话题突然爆发，一项政策、一个事件，甚至一两句话都可能引爆舆情。缺少预判，应对不当，把握失序，出言不慎，正面的事情可能变成负面的事情，负面的事情可能引发连锁反应，发生"次生灾害"。新形势下做好新闻舆论工作任务繁重、难度加大，仅靠新闻舆论工作部门努力远远不够，需要动员多个部门、多方力量、齐抓共管、齐心协力，结合各项实际工作做宣传，形成大宣传、大新闻、大舆论格局，拧成一股绳，避免"两张皮"。

宣传思想工作部门要切实担负主体职责，在新闻舆论工作中发挥主导、组织、协调作用，当好"大管家"，打好主动仗；当好参谋部，多给其他部门出主意，协调各个部门一道做好新闻舆论工作。要统筹内宣外宣、网上网下，把所有阵地管起来。新闻舆论工作要适应新形势，应对新挑战，像习近平总书记要求的那样，创新理念、内容、体裁、形式、方法、手段、业态、体制、机制，增强针对性和实效性。适应分众化、差异化传播趋势，加快构建舆论引导新格局。推动融合发展，主动借助新媒体传播优势。抓住时机、把握节奏、讲究策略，从时度效着力，体现时度效要求。

各个部门都要树立大宣传理念，在大宣传格局中发挥自己的作用，形成大宣传的整体合力。实际工作与宣传工作统筹配套，发布一项政策、推进一项工作，都要研判舆情，做好预案，充分准备，突出亮点，解析疑点，回应难点，营造良好舆论环境。对突发事件，新闻工作者要敢于发声、及时发声、科学发声，督促有关部门查明事实，尽快表态，妥善处理，给人民群众一个值得信服的交代。各部门要正确对待媒体舆论监督，促进问题解决。

(三) 增强领导干部同媒体打交道的能力

习近平总书记指出："领导干部要增强同媒体打交道的能力，善于运用媒体宣讲政策主张、了解社情民意、发现矛盾问题、引导社会情绪、动员人民群众、推动实际工作。"增强同媒体打交道的能力，是对领导干部能力提升的新要求，是加强和改进党对新闻舆论工作领导的重要方式。领导干部要了解媒体，善待媒体，会用媒体。

新闻舆论工作专业性强，新闻媒体的运行、新闻的采集发布有自己的规律。领导干部同新闻媒体打交道，首先要知媒体、懂媒体，了解媒体工作特点，尊重新闻规律，提高媒介素养。不能把新闻舆论工作当成一般的事务性工作，不能简单用管理党政机关的办法管理新闻媒体，既要大胆加强领导、严格管理，又要按照新闻规律要求科学管理，更好地发挥新闻媒体作用。互联网的兴起，新媒体的发展，带来新闻传播格局的深刻变化，形成新的传播特点、传播规律。领导干部要了解互联网、了解新媒体，把握互联网时代传播新特点、新规律。

增强同媒体打交道的能力，还要善待媒体、会用媒体，在加强管理的同时，尊重媒体，鼓励创新，充分发挥媒体的积极性、主动性、创造性。要适应新的形势，创新管理方式方法。习近平总书记指出："新闻宣传是否善于创新，是否能够做到常做常新，是其发展壮大、保持强大生命力的关键。"新闻宣传的创新既包括媒体自身工作的创新，也包括对媒体管理工作的创新。适应互联网时代媒体格局的变化，各级党委要熟悉掌握新的传播特点、规律，探索新形势下的媒体管理办法，既严格加强管理又鼓励媒体创新，既坚决履行领导责任，又拓展媒体发展空间，努力形成既有统一管理又生动活泼的局面。要关心媒体，关心新闻工作者，加强媒体领导班子建设，促进新闻人才成长，在政治上、思想上、经济上支持媒体发展，帮助媒体解决新闻宣传、事业发展中的实际问题，增强主流媒体的竞争力。要善于运用媒体推动实际工作，把新闻舆论工作纳入党委议事日程，统筹安排新闻舆论工作，把实际工作与舆论工作结合起来，一道设计，一体安排，一同推进，让新闻舆论工作成为实际工作的进军号、助推器。

加强和改进党对新闻舆论工作的领导，须臾不可放松。只有加强和改进党的领导，应对复杂局面有主心骨，开拓创新才有方向盘，新闻舆论工作才能担负起时代赋予的职责使命。

习近平总书记总揽党和国家工作大局，论述了新闻舆论工作的重要地位作用；站在中国特色社会主义新时代高度，指出了新闻舆论工作的重要职责使命；总结历史经验，阐释了新闻舆论工作必须坚持的重要原则。这些关于党的新闻舆论工作方针原则的重要论断，是习近平新闻思想的核心要义，是做好党的新闻舆论工作的根本保证。坚持贯彻这些方针原则，党的新闻舆论工作就能始终保持正确的方向，与党同呼吸，与人民共命运，为决胜全面建成小康社会、实现中华民族伟大复兴中国梦汇聚力量、加油鼓劲。

第一章　新闻传播

第一节　新闻的定义和特征

一、新闻的定义

新闻是最为便利的传播手段，也是舆论之争的首选利器。新闻也叫消息，指人类社会发生的、具有一定社会价值的人和事。与其现代含义相同的"消息"一词，最早出现在唐代诗人杜甫的《对雪》一诗中："数州消息断，愁坐正书空。""新闻"一词，最早出现在唐朝尉迟枢的《南楚新闻》一书中，书中主要记载了当时南方民间的一些奇闻轶事。随着人类社会的发展，新闻成为一个独特的称谓，新闻种类越来越多、越来越细。目前，新闻已成为人类社会不可缺少的精神需求。

新闻是客观事物的反映，是根据人类在社会活动中沟通交流和了解情况需要而产生的。陆定一同志当年给"新闻"作出了科学的定义："新闻是新近发生的事实的报道。"随着形势的发展，新闻的定义也应与时俱进。

新闻是新近发生或正在发生的，广大受众未知、应知、欲知的重要事实。

这个定义表明新闻是以新近变动的事实为依据和来源的，强调了事实对新闻传播活动的前提性和决定性作用，也揭示出新闻传播活动的本质在于它是人的主观精神对客观存在的反映，是人的认识活动对客观世界进行把握的一种方式。

二、新闻的特征

新闻具有以下特征：

（一）新闻是客观存在的事实

新闻是自然、社会和人类活动中发生的真实事件，而不是主观臆断形成的、虚无缥缈的东西。这是新闻领域唯物主义认识论和唯心主义认识论的本质区别。为此，我们平时报道新闻或向媒体记者提供新闻线索时，一定要以事实为依据，实事求是，切不可为了实现某种目的而夸大其词，甚至无中生有。新闻原材料的提供者和新闻产品的生产者，都有责任、有义务确保新闻的真实性。

（二）新闻必须是新近发生的事实

这些事实对于大多数受众来说都很新鲜，容易引起受众的兴趣，能够及时满足大众的知情权。报道新近发生的事实，是确保新闻有用性的前提，也是确保新闻具有吸引力、感染力的基础。过去发生的、许多人已经知道的、熟悉的甚至是媒体已经报道过的事实，都不能作为新闻线索向媒体提供，更不宜采编成新闻在大众媒体上广泛报道。

（三）新闻必须是新近发现的事实

过去发生的、不为人知的事实，现在被人们发现了，也是有价值的新闻。过去发生和存在的、谜团一样的事实，如今有了明确的结果，能够满足大众的好奇心，这也是很有价值的新闻。自然、社会、人类生活中普遍存在的，过去没有被人类认识和把握的客观规律现在被人类掌握了，而且将对人类社会生产、生活产生较大影响的事件，更具新闻价值。例如，科学发现、考古发现等新闻。

（四）新闻必须是正在发生的事实

正在发生的事实，对大众生产、生活影响越大，越受关注。如正在召开的重大会议，正在实施的重大改革，正在执行的重大政策等，以及正在发生的自然灾害、社会动荡、战争纠纷、重大事故等，都是备受人们关注的新闻，同时也是各大媒体新闻报道的主要内容。

（五）新闻必须是广大受众未知的事实

不管是新近发生的事实，还是过去发生、新近发现的事实，必须是大多数受众目前不知道的事实。这里有三种情况：第一，新近发生的事实，越新，不知道的人越多，其新闻价值就越高，反之，其新闻价值就越低；第二，过去发生的，新近发现的事实，与受众关联度越高，其新闻价值就越高，反之，其新闻价值就越低；第三，过去发生的，谜团一样的事实，被发现前知道的人越少，其新闻价值就越高，反之，其新闻价值就越低。

（六）新闻必须是广大受众应知的事实

新闻传播的目的，首先是为了满足广大受众的知情权，为广大人民群众提供可靠的信息咨询服务。受众应知的事实大致有三类：

一是政务类事实，《中华人民共和国政府信息公开条例》中做了详细的规范；二是社会类事实，现实社会中存在和发生的，与广大受众相关的各类事实；三是自然类事实，自然界中已经发生或将要发生的，对受众具有直接影响或潜在影响的事实。

（七）新闻必须是广大受众欲知的事实

新闻不仅必须是广大受众应知而未知的重要事实，而且应该是受众欲知的事实。新闻定义中的这一点非常重要。需要特别强调的是，一条好的新闻，要想实现理想的传播效果，必须具有广大人民群众"欲知"的特点。一个具有重要内容的事实，主观上，我们急于将其进行广泛传播；客观上，此事实虽然是广大受众应知而未知的，但如果新闻的表现形式不符合新闻规律和受众的接受心理，甚至让受众厌烦，我们就很难达到新闻传播的目的。

目前，问题比较突出的是政务新闻的报道。在党政机关召开的各种会议、各级领导发表的有关讲话之中，包含了大量涉及国计民生的信息，与广大人民群众的生产、生活和切身利益密切相关。报道此类新闻是我们党报党台长期的、经常性的工作。长期以来，政务性报道大多是由党政机关提供新闻通稿，或由有关机关干部审稿、改稿，党报党台照发，造成了政务报道公文化，常常突出了领导、淡化了事实，突出了事件的形式和规模、淹没了实质性内容和信息。这样的公文化新闻，连机关干部都不感兴趣，广大群众就更不想看、不爱听了，很难实现政务新闻报道的意图。这也是严重制约党报发展最主要的瓶颈。

三、新闻六要素

新闻的六要素是5个"W"和1个"H"，即When（何时）、

Where（何地）、Who（何人）、What（何事）、Why（何因）、How（怎样）。其中，What（何事）处于核心地位，其他四个"W"和一个"H"都是围绕它展开的。

新闻组成：标题、导语、主体、背景、结语。

特点：真实具体、反应迅速、观点明确、语言简洁。

一篇新闻报道，无论是消息，还是通讯、特写，一般都包含这些要素。

比如下面这条新闻。"麻雀虽小，五脏俱全"，新闻的六要素交代得非常清楚：

> 美国总统里根和苏联领导人戈尔巴乔夫今天下午2时02分在白宫东厅正式签署了全部销毁两国中程和短程导弹条约。

通过对这六要素的把握，我们面对一篇新闻，可以很迅速地把握其主要内容。这对于每天接触大量信息的现代人，快速筛选有用信息、提高阅读效率，无疑是有帮助的。

四、新闻报道要运用新闻语言

新闻语言的第一个特点是具体。新闻用事实说话，而事实不是抽象的，它由时间、地点、人物、事件经过、事件原因、事件结果等要素构成，因而新闻语言必须具体，应当少用抽象的概念。

第二个特点是准确。新闻必须真实，不能含糊其词，不能模棱两可，不能夸大也不能缩小。

第三个特点是简练。新闻要求快，要求迅速及时。这就决定了新闻语言要简明扼要、开门见山、直截了当。

第四个特点是通俗。新闻是人们普遍关心的事实，有群众性。

五、新闻写作方法简要介绍

（一）如何把新闻写得简洁精练

第一，一条新闻只报道一件事实或只写出一个人物。这样，内容和结构都比较简单，容易做到条理分明、头绪清楚。

第二，直接写事实。不要穿靴戴帽，要学会精选事实，让事实说话，把事情来龙去脉交代清楚，干净利落。

第三，直接叙述事实本身，不要过多地解释。

（二）如何把新闻写得吸引人

第一，选一个新颖的角度。

第二，做一个醒目的标题。

第三，写一段精彩的开头。

第四，用一种生动的语言。

（三）培养新闻写作的匠心

做好新闻工作要注重身动、眼动、手动、口动、心动。

"五动"强调新闻工作要加强自身学习，不断学习新知识，适应新常态，打开新闻宣传工作的新局面。

第二节　新闻与事实、信息、历史的关系

一、新闻与事实的关系

马克思主义新闻观认为，事实是客观世界中已经发生或正在发生的各类事件，新闻是人类对客观事实的能动反映。事实是第一性的，新闻是第二性的。事实是新闻的基础和本源，先要有事实，而后才能有新闻；没有事实，就没有新闻。背离事实，歪曲事实，无中生有，就会形成虚假新闻。

客观事实可以分为两类：一类是自然界中发生的事实，称为自然事实；另一类是人类社会中发生的事实，称为社会事实。在所有客观事实中，一部分属于新闻资源，可以作为新闻来进行传播和报道。比如自然事实中的日食、月食、雷雨、冰雹、台风、洪水等，这些正在发生或将要发生的事实，与人类社会密切相关，会对广大人民群众的切身利益产生直接影响，是受众未知、应知、欲知的事实，经过加工处理，就是极具价值的新闻。而另一部分则属于非新闻资源，不能作为新闻来进行传播和报道。例如，星外星系某个遥远星体的变化，孩子一天一天在长大，树木一日一日在长高，滚滚长江东流水等，此类正在发生的事实不具有新闻价值，不能作为新闻来公开报道。所有社会事实也是如此。需要特别重视的是，有些社会事实，虽然是客观存在的，但向社会公开传播会危害国家安全，不利于社会的健康发展，不利于广大受众的根本利益，这类客观事实也不能作为新闻资源进行采编利用。比如国家机密、公民隐私、

犯罪分子详细的作案手法等。

新闻资源不一定全部能成为新闻。在所有新闻资源中，只有极具新闻性的一部分资源才能够被加工成新闻进行传播报道。但由于受媒体数量、记者人数、采编认知、政治影响、价值取向等许多客观因素的制约，很大一部分新闻资源无法转化为新闻，不能在大众媒体上公开传播报道。

一般来说，新闻应该是对客观事实及时、准确、完整、真实的反映。但在处理新闻的实际操作中，由于受到现实科学技术、生产力、采编人员的认识能力、媒体的价值取向、政治集团的影响等多种因素的局限和制约，新闻采编与传播的形态大致可分为一个常态和三种变异，共计四种形态。

(一) 真事实真新闻

这是新闻唯一的正常形态，是在新闻的采编和传播过程中，正确反映客观存在的事实，客观真实地报道事实真相的形态。各类新闻媒体每日每时刊播报道的绝大多数新闻和消息，都属于这类形态的新闻。

(二) 真事实假新闻

这是新闻的一种变异形态，是指某些人为了达到某种目的，人为制造或导演具有新闻价值的事件，新闻采编人员基于此类事实采编新闻，公开进行传播和报道。事实虽然客观存在，新闻也是客观报道的，但新闻反映的内容却可能与事实真相恰恰相反。比如，有些独裁者为了达到自己的目的，指使手下人事先导演好"民主选举"或"民意支持"的假戏。然后，广泛邀请新闻媒体记者到现场进行采访和报道。而最后记者看到的结果，很可能就是独裁者"广受支持""强势当选"。记者看到的是真实发生的,但和事实的真相却恰恰相反。根据这样的事实采编、报道的新闻就是假新闻。所以,新闻记者和新闻媒体,如果不具备敏锐的目光和深邃的洞察力,就有可能采编、传播虚假新闻,背离新闻传播的职业精神和职业道德。

(三)假事实真新闻

这也是新闻的一种变异形态。这类新闻产生的原因大致有以下三个:一是新闻采编人员别有用心;二是采编人员粗枝大叶;三是采编人员一时无法辨别真假。新闻报道中即使双方提供的事实存在虚假,但客观地对其进行报道,形成的新闻也是真的。在这种情况下,新闻记者和新闻媒体要特别注意的是,必须及时跟进报道,通过后续报道反映事实真相。

(四)假事实假新闻

假事实假新闻是新闻最为恶劣的表现形态。这类新闻,通常是为了实施某种计谋和实现某种目的,是政治集团、新闻媒体和采编人员沆瀣一气,无中生有,制造的假事实,炮制的假新闻。

二、新闻与信息的关系

新闻和信息都是客观事物的形态,是其特征及运动状态在人脑中的反映。对于受众来说,新闻和信息都应该是新的、未知的。受众得到新闻或信息后,能够消除或部分消除他们对客观事物认识的某种不确定性,加深对客观事物的了解,从而有助于受众正确地认识世界、改造世界。这是新闻和信息的相同之处。

新闻和信息是两个不完全相同的概念,存在许多区别。

新闻是信息子集,新闻除了具有信息的一般特征外,还有其不同于信息的其他特性。

新闻和信息具有以下区别：

（一）新闻和信息的外延不同

信息的外延远远大于新闻的外延，新闻肯定都是信息，而信息不一定都是新闻。自然、社会和人类生产生活中发生的一切客观事实都是信息，而只有那些新近发生或正在发生的、具有新闻价值的信息，才有可能成为新闻。新闻只不过是信息中的一部分，是一种特殊的信息。

（二）新闻和信息的服务范围不同

信息的服务范围侧重于专业化、个人化，新闻的服务范围侧重于公共化、大众化。信息服务具有针对性，新闻服务则具有广泛性。比如，广告的服务对象是个别商家和某一类消费者，而不是全体受众，更不是全社会公众。所以，广告是一种信息，但不是新闻。个人编发的手机短信也是一种典型的信息，因为普通短信不能满足一般社会大众的需求。需要说明的是，特殊的手机短信在特定条件下，能够转化为新闻。

（三）新闻与信息的传播媒体不同

信息可以通过所有媒体、所有传播形式实现传播，而新闻则只能通过报纸、广播、电视、网络等大众传媒实现传播。随着信息技术进步，信息传播的形式越来越多样化、个性化，可以通过电话、信件、手机短信、电子邮件等多种方式进行传播。但这些信息要转变为新闻，必须借助具有一定公信力的新闻媒体。

三、新闻与历史的关系

新闻的属性决定了它与历史具有天然的、不可分割的必然联系。

新闻是自然社会和人类生产生活中新近发生或正在发生的、具有鲜明时代特征而被人们广泛关注的事实。从这个意义上讲，新闻就是最新的历史；也就是说，昨天发生的新闻，就是今天的历史；今天发生的新闻，也就是明天的历史。又因为新闻报道的是每日每时发生的、最精彩的客观事实，所以，新闻也是最精彩、最珍贵的历史。

作为新闻采编人员，每日每时都在书写、记录和传承历史。所以，每一个新闻采编人员必须具备崇高的历史责任感、严谨的工作作风、高尚的职业道德，以对历史高度负责的精神，确保新闻的真实性、准确性和严肃性。所有新闻工作者都应该科学地把握好两个方面，两者是一个统一的整体：一方面，不能把新闻做成记录历史的"流水账"，丧失新闻性；另一方面，更不能为了新闻的需要而篡改历史。而要真正做到这一点，有时需要史学家司马迁一样的胆量和勇气。

作为党政机关、企事业单位等新闻资源的提供者，更要以对党、对人民、对国家，特别是对历史高度负责的态度，认真对待党和人民赋予的各种权力和工作任务，实事求是地向新闻采编人员提供准确、可靠的新闻资源。发现新闻素材错误、失真和不完整，新闻资源提供者应立即与新闻媒体进行有效的协调与沟通，及时纠正、修改和完善所要报道的新闻，体现自己坚强的党性和磊落的人格。

第三节　新闻传播效应

当今科技突飞猛进，传播手段日新月异，新闻传播已经颠覆了传统规律，打破了传统格局，突破了传统时空，刷新了传统观念。

新兴媒体的异军突起,突破了新闻传播的许多经典理论,更新了新闻传播的许多经典观点,引发了新闻传播领域的革命性变革,极大地推动了新闻传播事业的发展。因此,努力认识和把握新闻传播领域出现的新规律很有必要。

一、首声效应

心理学原理揭示,人们第一次与某物或某人接触时留下的印象在头脑中占据着主导地位,这种现象叫作首声效应。

所谓首声效应,是指新闻媒体对某一人物或事物的首次传播报道,在受众头脑中形成的先入为主、根深蒂固的印象。

首声效应的内涵及作用如下:在信息传播和信息接收这一社会认知过程中,第一次传播和接收的信息,对受众的作用最强、影响最大,并形成受众的第一印象。第一印象在受众头脑中持续的时间最长,受众首次接收的信息居于基础性和主导性地位,后续信息居于服从性和从属性地位。人们对后续信息将以首声效应为依据和指导,有选择地接受,对符合首声效应的信息予以接受,对不符合首声效应的信息予以排斥。

在新闻传播过程中,第一时间、第一声音、第一报道、第一现场等,均属首声效应范畴。首声效应形成的先入为主的印象和概念,对于受众来说十分顽固,很难得到根本扭转和完全消除。

要纠正一条错误的新闻,至少需要花发布这条新闻七倍的力量。这就是十分现实的新闻传播规律,我们必须予以重视。

所以,各级领导干部要时刻谨记,首声效应对于新闻传播效果至关重要。在特别事件发生后,要实事求是,先声夺人,争取信息发布的主动权。要引导主流媒体在第一时间发声,形成强大的首声效应。在特别事件新闻报道过程中，各级党委、政府和领导干部，一定要摆脱以往的被动局面，不仅要指挥协调主流媒体在第一时间发出第一声，而且要发好第一声，抢占舆论制高点，形成首声效应并不断强化，牢牢占领新闻发布的主导地位，通过及时发布真实、具体的新闻，有效避免社会舆论出现偏差。

二、和声效应

新闻媒体的和声效应，是指类型多样、数量众多的新闻媒体，按照科学的分工和特定的规律，对同一事实或同类事实，围绕相同的目标和任务，运用不同的形式和手段，同时进行阶段性报道形成的良性舆论传播效果。

新闻媒体的和声效应，具有覆盖面宽广、形式丰富多样、传播力度大、舆论层次多、社会影响大等主要特点。

大众舆论场，主要由传统媒体舆论场、新兴媒体舆论场和社会公众舆论场三部分组成，很像一场宏大的舆论"交响音乐演唱会"。党报党台无可争辩地占据着社会舆论的主声部地位，应当充分发挥主旋律的作用，时刻引领正确、健康的社会舆论走势。

在计划经济时期，我们的党报党台较好地发挥了主旋律的作用，是引导社会舆论的主力军。长期以来，《人民日报》《解放军报》《红旗》杂志"两报一刊"，拥有极高的影响力和公信力，是全党、全军、全国人民思想和行为的引领者，是社会舆论导向的排头兵。

社会存在决定社会意识，社会意识要适应社会存在的需求。在市场经济条件下，作为社会意识组成部分的新闻舆论管理，也具有继承性、传承性和滞后性，主要表现为新闻管理的理念和方式滞后于经济的发展，必然带有许多不适应当前形势发展需要的计划经济时期的痕迹，使得党报党台在引导当今社会舆论方面还存在一些亟待改善的问题。党报党台正面报道形式呆板化。不能有效吸引受众的注意力，政务报道往往程式化、公式化，造成言之无物；或报道的内容很重要，但形式不生动，群众不爱看、不愿听。特别是在负面事件报道过程中，作为主旋律、主声部的党报党台，往往反应较慢，常常缺位、失语。

报道负面事件本来就是一首庞大而复杂的乐章，很容易出现混乱和跑调。此时，党报党台作为主旋律、主声部，如果缺位、失语，其演奏效果必然是混乱的。出现这种情况，主要责任往往在于"指挥"，在于当地主要领导干部指挥不当，而不能把责任完全归咎于新闻媒体。新闻媒体是新闻舆论场中的众多元素和要素，不同媒体都有其自身特定的作用和功能。如果指挥得当，那么每种新闻媒体都能够充分发挥自己的积极作用，与其他新闻媒体形成和谐动听、强大震撼的和声效应，有效实现传播意图，达到传播目的。如果指挥不当，则必然导致新闻舆论场的混乱，甚至造成公共危机升级，引发新闻群体事件。

长期以来，有些领导干部对党报党台的认识和要求存在偏差，对党报党台管得太多、管得太死，只要求党报党台搞好正面宣传。遇到负面事件或特别事件，常常因为人为因素和行政干预，导致党报党台不能在第一时间发声，不能发挥主旋律、主声部的作用，这就相当于把吸引受众的注意力、引导社会舆论的主动权拱手让给形形色色的都市类媒体和新兴媒体。所以，出现舆论混乱、导向错误的不良后果是必然的。

在许多特别事件报道过程中，往往都是等到"千树万树梨花开"，特定强大的舆论场形成之后，有关领导干部才让党报党台发一个经过当事部门机关干部反复修改后的、公文式的、简短的消息通稿。这样的新闻通稿，大多数语焉不详，遮遮掩掩，非常弱势，与强大的社会舆论场形成了严重的不平衡和强烈的反差。它一经刊播，便迅速被淹没在社会舆论的滚滚洪流之中，甚至招致一片指责之声。此时，在指挥不当、缺失主旋律的情况下，整个舆论形势一定是一片嘈杂，一片混乱。

不管是对内新闻报道，还是对外新闻传播，我们都要努力形成和声效应。就如同一场宏大的交响音乐演唱会一样，党报党台、都市类媒体和新兴媒体，三者共同构成新闻舆论场，使广大社会公众街谈巷议、口口相传，形成公众舆论场。

和声效应不同于组织新闻媒体开展主题报道活动，它是要充分调动各类新闻媒体的积极性，扬长避短、各尽所能，为实现同一个目标和任务，在同一个时间段、不同的传播领域开展大容量、高密度、多层次、全方位的新闻报道活动。

要形成新闻媒体的和声效应，必须具备以下几个基本条件。一是科学组织：新闻媒体的组织指挥者，是形成和声效应的关键。组织指挥者要具有较强的组织协调能力、辩证的思维能力以及开明的思想观念，要精通新闻规律、熟悉新闻媒体、对客观事实了如指掌，要具有科学策划新闻报道的能力，要具备科学决策的地位，要具有驾驭新闻媒体必需的、足够的能力。二是明确目标：新闻传播的目标和任务，是新闻媒体形成和声效应的核心。各个新闻媒体必须紧紧围绕特定的目标，结合自身特点，充分发挥自身优势，从不同角度、不同层面，在不同的传播领域，积极主动、具有创造性地开展新闻报道工作，才有可能实现和声效应。三是高度统一：各个新闻媒体必须听从指挥、令行禁止、密切配合、团结一致、不遗余力，才能够实现和声效应。

各级党委、政府和领导干部,如果能够注重把握新闻规律和各类新闻媒体的特点,注重培育自身与新闻媒体之间的感情,提高自身在新闻媒体中的威信,充分发挥新闻媒体积极的和声效应,那么不但可以轻松便利地使正面事件的正面社会效益最大化,而且可以在处理负面事件过程中,有效引导社会舆论,迅速化解社会矛盾和公共危机。但是,如果指挥不当、引导不利,就会使新闻媒体形成消极的和声效应,由现实社会问题引发新闻群体事件,并以和声效应的巨大影响力,推动事态不断扩大,促进事件不断升级,进一步激化社会矛盾,产生难以预料、难以控制的严重后果。

各级党委、政府和领导干部,要高度重视新闻媒体的和声效应。和声效应形成的强大新闻舆论场,在大众舆论场中发挥着率领作用和主导作用,在引导社会舆论、维护公平正义,推动问题解决等方面发挥着不可替代的重要作用,甚至能够推动国家的某项法律、法规、政策的修改、完善乃至废止。新闻媒体的和声效应是新闻舆论和社会舆论凝聚在一起的一只"铁拳",具有明显的两面性。如何有效掌控这只"铁拳",趋利避害,更好地实现党委和政府的意图和目标,是考验各级党委、政府和领导干部执政能力的一个既无法回避又十分严峻的现实课题。

三、汇聚效应

要想运用网络传播信息,必须将要发布的信息上传到网络服务提供商(ISP)专门设置的服务器上。所有新闻网站管理员更新网页、网友发帖子、记者通过网络发送稿件等,都是将信息上传到ISP服务器的过程。也就是说,互联网上传播的所有信息、互联网上现存的所有信息，全部存储在数量众多的 ISP 服务器上。ISP 服务器实际上是高性能计算机。

互联网上这些海量信息存储在一种特殊的信息仓库中，这种信息仓库叫作网络数据库。网络数据库的主体和基础是后台数据库，另配备有一定的、使用方便的前台程序和命令。我们普通用户可以通过浏览器完成数据存储、查询等操作，也就是平时浏览网页、搜索资料、发帖子、更新网页等实际操作。

网络数据库具有特殊的技术结构和程序、命令，能够根据用户发布信息的题目和内容中的关键词，对信息进行分类存放，并对信息进行多重索引。对信息进行快速检索，是网络数据库最重要的优势。所以，网络数据库向用户提供了十分强大的分类查询功能，而且用户查询时，任何关键词都可以指向多条记录，而多个关键词也可以指向同一条记录。

网络传播的汇聚效应，是指互联网对于同类信息更为强大的、便利的、快捷的汇聚功能，其技术基础是网络数据库。也就是说，网络数据库本身就具有高效、强大的汇聚信息的技术特性，特别是具有汇聚同类信息的技术优势，能够方便、快捷地把观点不同但相近的信息汇聚到一起。所以，当某地发生的特别事件引起了某个网友的兴趣，他可以在几秒钟之内，在网上搜索出多年来在不同地区发生过的类似事件，一两个小时就能够把这些信息汇聚起来，整合到一个主页之中，发布到互联网上，并能够吸引广大网友的注意力，进而引起有关这个事件或问题的社会舆论。

四、放大效应

一些事件经新闻媒体传播，或多或少都会产生量能的变化。有些事件经媒体传播会产生一定的放大作用，有些事件经媒体传播则会产生一定的衰减作用。其中，传统媒体传播通常是放大正面事件的社会影响，网络媒体传播则常常是放大负面事件的社会影响。

传统媒体都是事业单位性质，经过了党和政府长期的培育，主要领导都是党和人民信任的政治家，采编机制、采编人员、媒体风格、报道作风都比较成熟、理智、稳健、客观、权威。

传统媒体传播新闻的大致过程为：发现特别事件和突发事件，派记者前去采访。记者到达现场，首先倾听当事人讲述，弄清事实。当事人通常都是情绪不稳定的，讲述时常常带有明显的情绪。记者会有效过滤掉当事人的情绪，根据事实，加入自己的倾向和观点，采写新闻稿件。媒体编辑拿到此稿件后，会站在当地领导者的高度，从大局出发，对稿件进行删改，过滤掉记者的不恰当倾向和观点，修改不适当的表述，然后再行刊播。所以，传统媒体传播通常对负面事件具有衰减作用，对正面事件具有放大作用。

网络媒体是新兴媒体，绝大多数是企业性质的经济实体，其经营以低投入、高产出、实现利润最大化为根本原则和最终目的。其传播的技术基础是日新月异的新兴信息技术，其领导大多是企业家或商人，其采编机制是最大限度地吸引受众的注意力，其采编人员、媒体风格、报道作风等都比较年轻、感性、热烈、激动、灵活、多变，其基本受众是广大网友，大部分是年轻网友。

网络媒体传播新闻的大致过程为：发现特别事件和突发事件，广大网友一哄而起，网络编辑基本原封不动录载播发，加之网络媒体与网友或网站的双向互动、网友之间的多向互动，以及意见领袖的观点引领和大量跟帖者的灌水、拍砖，进一步推波助澜，使网上舆论一浪高过一浪，事件被迅速放大，也印证了那句老话——好事不出门,坏事传千里。加之有些人幸灾乐祸的心理,网络传播对负面新闻具有特别显著的放大作用。

五、扩展效应

所有媒体传播对于新闻本身都有一定的扩展效应,决定扩展效应大小的主要因素是媒体的有效传播空间。传统媒体具有很强的属地性和区域性,其传播范围基本上被限定于本行政区域内部。网络媒体的传播突破了国家和地方行政区域的界限,因而具有更加广阔的传播空间。媒体的固有属性决定了网络媒体比传统媒体具有更加强大的扩展效应。

传统媒体传播对新闻信息的扩展过程大致是:记者采访、民众参与、编辑录载、媒体刊播、新闻信息扩展到固定区域内的固定受众群体中。其信息扩展链是单向的、段状的、中断性的。

网络媒体传播对新闻信息的扩展过程则要复杂得多。大致是记者采访、编辑修改、媒体刊播、新闻信息扩展到不固定区域的不确定的受众群体中,从而完成了第一个信息扩展周期。随后,不确定的受众群体接收信息后,加入自己的情绪和倾向,转变为言论和信息发布者,再向网上不确定的方向和受众发布信息和言论,开始了第二个第三个甚至更多的信息扩展周期。循环往复,与原子物理学核反应堆中的连锁反应十分相似,信息扩展速度和扩展范围有时非常惊人。其信息扩展链是多向的、周期性的、延续性的、放射性的,所以作者认为网络传播的扩展效应,也可称为连锁效益。

六、共振效应

传统媒体传播新闻信息基本上是单向的,其信息传播到受众之后，量能基本上被全部吸收，只有少数受众会通过热线电话、邮寄信件等形式向媒体进行反馈。另外，受众产生的情绪和倾向，也只是通过口头传播影响身边的个别人。传统媒体信息传播链条的终端基本上是首批受众，产生的反馈作用很小，不足以产生共振。

而网络媒体传播新闻信息时，网上受众几乎拥有与媒体同样的话语权，所以，受众不只是被动地接受和吸收信息。对于一些特别事件，受众会把接收的信息加上自己的情绪和倾向，混合放大成新的信息，把自己变成信息发布者。一方面，受众向发布信息的媒体发送；另一方面，受众向网络不同方向、不同群体发送。网络媒体接到来自不同方向、不同受众发来的信息后，再对信息进行放大加工，开始第二个周期的传播。如此周而复始，形成了共振效应。

不同方向的受众接到信息后，也会对信息进行加工和放大，并开始向更大范围的受众开始第二个、第三个甚至更多的信息扩展周期传播。

所以，网络传播很容易诱发大区域、多层次受众的思想和行为"共振"，这种"共振"借助网络独特的双向、多向互动作用，循环往复，产生叠加效应，不断扩展"共振"区域，不断扩大"共振"幅度，最后可能会产生意想不到的效果。

网络媒体传播的无论是正面事件新闻，还是负面事件新闻，都可能引起共振效应。特别需要各级党委、政府重视的是，网络传播负面事件，出现共振效应的概率、振动的频率、振动的幅度、振动的范围等，都要远远大于传播正面事件。

七、策动效应

机械物理学原理揭示，要使平衡物体振动，必须施加适当的策动力。在周期性策动力的作用下，振动的幅度和强度会不断增加。网络传播形成的共振也是如此。

网络传播形成振动的策动力主要来源于两个方面：一方面，网络媒体发布特别事件的新闻，就是形成振动的初始策动力；另一方面，网络受众把接收到的信息，加入自己的情绪，并变为信息发布者，向发布信息的网络媒体发送，就形成了更强的策动力，进一步加剧了振动。同时，向不同方向、不同受众发送信息，就又形成了多个振动场。

网络传播发生振动后，如果初始策动方不间断地发布具有正向策动力性质的信息，则振动的幅度会不断增大，振动的强度会不断增强，振动的范围会不断拓宽，很快形成大面积群振、共振。反之，如果初始策动方有规律地发布具有负向策动力性质的信息，则振动就会受到干扰，振动幅度会不断减小，振动强度会不断减弱，振动会不断衰减。

八、洼地效应

特别事件一向是中外新闻媒体关注的重要对象，这是由新闻媒体求新、求异的特点决定的。所以出现特别事件，一定会引起社会舆论的关注。发生特别事件的地区和单位，就像一块洼地，吸引新闻媒体和社会舆论的关注，我们称之为舆论洼地。

舆论洼地一旦出现，社会舆论就会像流水一样，不约而同地快速向洼地流动集中。这一地区、单位有关特别事件的新闻和舆论，在短时间内会呈现爆发性增加。这种现象，我们称之为洼地效应。

因为传统媒体的传播具有明显的区域性，所以传统媒体对特别事件传播基本限定在事件发生地区内部。事件发生地点形成的"舆论洼地"是局部的，所形成的社会舆论也基本上是本地区的，是有限的。因而，多数情况下其结果是可以承受的，就像局部地区发生暴雨，雨水向一个洼地汇集，因为只是局部地区的雨水，水量相对不大，可以通过严防死守、死顶硬扛，渡过难关。

网络传播的情形就大不一样了。网络传播是无边无际的，一旦某地区、某单位发生特别事件，形成了"舆论洼地"，如不立即采取措施进行有效的信息发布和舆论引导或迅速填充舆论洼地，那么社会各界的舆论之水很快就会一致汇集到洼地。无数涓涓细流一旦同时汇集到同一个洼地，就会形成巨大的洼地效应，加之放大效应、共振效应和扩展效应，就很可能会掀起滔天大浪，引发舆论上的灭顶之灾。

九、溃坝效应

新兴媒体的传播具有许多奇异的特点。其中，新闻群体事件的发生也像一般社会群体事件一样，有一个从量变到质变的积累过程。但在新兴媒体传播中，量变的过程常常很短，量变的积累往往是急剧膨胀式的，如不及时采取有效措施加以疏导和控制，而是试图采取掩盖封堵的错误做法，则很快会形成决堤之势。此时，任何一个"蚁穴"般小小的疏漏，都会造成瞬间溃坝。这种现象，我们称之为溃坝效应。

在实际工作中，我们常常遇到这样的情况，一件特别的事件发生了，有些决策者出于多种原因采取封堵的办法，下令不许新闻媒体报道，党报党台都很听招呼，主流媒体能够被成功地堵住。但网络媒体就不同，往往大多数人在毫不知情的情况下，一觉醒来，就发现网上消息早已铺天盖地，一时民声鼎沸，社会舆论波涛汹涌，无法控制。

《国语·周语上》中提道:"防民之口,甚于防川,川壅而溃,伤人必多,民亦如之。是故为川者,决之使导;为民者,宣之使言。"阻止新闻言论的危害,比堵塞河川引起的水患还要严重。先秦时期古人的论述蕴含着深刻的哲学智慧,具有不可抗拒性。

目前,形式虽然发展了,社会虽然进步了,但对待社会舆论仍采取以疏为主的方法一定会引发溃坝效应。

在民众自我意识日益增强,信息传播渠道多元,传播便利的今天,我们处理社会舆论应该牢牢把握四大要点:

(一)只要事实存在就必须正视

尊重事实是一个人最基本的行为准则,是政府行政理事最根本的依据。突发事件是客观存在的事实,政府进行了及时、正确、规范的处理,不存在失职、失时、缺位等行政错误。但面对媒体,面对公众,对自己刚刚做过或正在做的事情,矢口否认,概不认账,即使做的是好事、实事,也必将引起公众的猜疑。

(二)处理公务杜绝善意的谎言

与战争年代不同,和平建设时期行政理事,即使用意善良,出于好心也要力戒隐瞒、杜绝说谎。否则,一旦被公众察觉,他们就会无法分辨政府发布的消息哪些是真,哪些是假。哪怕是一条善意的谎言,都会对政府的公信力造成毁灭性破坏,严重动摇支撑政府威信的群众基础。

(三)要严加防范溃坝效应

在信息技术高度发达、信息传播途径多元化的今天,试图完全封堵客观存在的新闻资源,无异于封江堵河,既无法实现,又有溃坝灭顶之忧。如果实施封堵，则灾难必至，后患无穷。发生特别事件，一定要及时疏通信息传播渠道，不使舆论、信息之水滞留拥堵，严防溃坝效应的产生。

（四）要高度重视首声效应

首声效应揭示，在社会认知过程中，人们的第一印象作用最强、持续的时间最久，第一印象比以后得到的信息对于事物总体印象产生的作用要强大得多。所以，各级领导干部要时刻谨记首声效应对于新闻传播效果的极端重要性。在特别事件发生后，要实事求是，先声夺人，争取信息发布的主动权。

第四节　借助新闻媒体讲故事

媒体的出现，特别是传媒事业的快速发展，为讲故事提供了很好的平台，使讲故事的效率大大提高。我们要认真研究，不断创新讲故事的方法和形式，充分借助新闻媒体，把中国故事讲好、讲活、讲生动、讲精彩。

广播、电视等大众传播媒体是讲故事的最佳平台。讲究传播方法，创新传播形式，注重传播策略，充分挖掘、利用这些便利的平台，能够助力实现传播主体的传播意图。一些政治主张、执政思路、价值观念、优秀传统文化理念等带有明显意识形态属性和政治倾向的传播内容，采取强行灌输、直白说教的形式远远不及讲故事的传播效果好、效益高。长期以来，国内的广播、电视比较注重运用讲故事的形式传播正能量，形成了许多经典栏目，出了很多精品，收到了很好的传播效果。

新闻报道要讲好故事，必须抓住选题、采访、写作这三大关键环节，每一个环节都要按照故事生产的工艺进行。

首先，选题要靠"三见"嗅出"故事味"。

确定选题是新闻生产的第一道工序，"内容为王"其实是以题材为王。传统的新闻教育强调新闻敏感性，从讲故事的要求看，光有新闻敏感性还不够，一件"新近发生的事"，可能具备新闻价值，但不一定能挖出好故事来，善于寻找故事的记者，不仅要具备新闻敏感性，而且要具备探寻故事的灵敏嗅觉。训练这种嗅觉的关键是"三见"：见人、见事、见情。见人、见事、见情对写好新闻报道很重要，同样对借助新闻媒体讲好故事也很重要，要充分利用新闻报道讲好好人好事，传播好声音，讲述好故事。

其次，采访凭"三节"挖掘"故事链"。

嗅出"故事味"，只是万里长征迈出的第一步，能否讲好故事，关键的一环就是挖掘，即采访，一定要挖出完整的"故事链"。在实践当中，很多记者在采访时都非常激动，掌握的素材看起来也很丰富，但在动笔写作时，才发现挖到手的都是些零碎的事，即便弄清了事件的脉络，也很难还原成一个完整的故事。新闻报道要讲好故事，没有任何捷径，只能靠深入采访。挖掘"故事链"，可以抓住三个"节"字做文章：情节、细节、枝节。

情节是指事件的变化和经过，它是故事的基本框架，是搭建故事宫殿的"钢筋"。细节，就是"细小的环节或情节"，其实就是新闻故事的"血肉"和"细胞"。细节的基本特征就是细，就像一滴水能折射阳光一样，一个场景、一个动作、一句话、一个数字，就能展示人物的内心活动，显示人物的性格特征，甚至能折射出时代特色。枝节就是故事的"毛细血管"，讲故事的基本技巧就是"发岔",文似看山不喜平,讲故事更是如此。

依据"故事链",不仅要弄清结构完整的事实,捕捉丰富的细节,记录生动的言语,还要充分运用逆向思维和发散思维,深入挖掘与主体事件相关的其他事件、与主要人物相关的其他人物,这些事件、人物也许并不能进入作品,但绝不是在做无用功。新闻故事与文学故事的本质区别在于真实性,文学故事可以张开想象的翅膀,但新闻故事的每一个细节都必须真实。

最后,写作要用"三化"展示"故事元"。

一个上好的选题、一堆上好的材料,还只是菜肴的素材,要做出上好的菜品,厨艺非常重要。讲故事的"厨艺",要领在于"三化":悬念化、镜头化、口语化。

第一,悬念化。新闻写作的经典结构是倒金字塔和金字塔,但是对讲故事的新闻来说,倒金字塔和金字塔都不是好结构,都不是讲故事新闻写作的最好方法,对新闻写作来说,故事不能编造,但悬念可以营造。

第二,镜头化。俗话说"眼见为实",通过镜头的方式,即通过具体逼真的描写,把新闻事实的现场展示在读者眼前,使读者犹如身临其境、亲眼所见、亲耳所闻,这样不仅能够增强新闻的可信度和说服力,而且能增强新闻的亲切感和感染力,因为读者看到的是真实的生活。

第三,口语化。口语化的语言表达,首先要具体,尽量采用让人一目了然的语言,而且最好是各类读者都能听懂的普通话。其次是多用动词,甚至可以说"动词为王",同时要尽量避免使用形容词,因为它容易让人对新闻的真实性产生怀疑。口语化还强调自然、简洁、流畅,让读者在阅读作品时就像是直接同报道对象聊天一样。

不论是选题、采访，还是写作，讲故事的新闻写作，每一个环节都必须高度重视真实性。讲故事的新闻报道，如果出现失实，哪怕是一处细节与事实不符，都会造成灾难性的后果——读者会据此认为整篇作品都不是真实的，因为作品讲的就是新闻故事，既然这个细节是假的，那么整个故事也就可能是假的。因此，讲故事的新闻写作，必须比一般的新闻作品更注重真实性，而不是相反。

第五节　新闻策划

新闻策划是新闻传播媒介和新闻工作者在新闻业务活动中对新闻的生产、加工和传播的全过程中的任一过程和任一活动所进行的创造性的谋划和运筹，其目的是为了更好地配置和利用新闻资源，取得最佳的传播效果。由此可见，新闻策划实际上是指新闻传播媒介运作策划，准确地说，新闻策划应该叫作"新闻传播策划"。

新闻策划已经成为当今新闻报道活动中的一个重要内容，质量高、影响大的新闻报道都是精心策划的结果。做好新闻策划对于新闻报道工作具有重要的意义。一般来说，新闻策划的作用可以归纳为以下四个方面：

第一，新闻策划作为一个特定的名词，它的出现适应了社会主义市场经济体制对新闻传播事业的要求。计划经济时期，报纸"官办、官订、官看"，新闻报道计划根据上级的指令、计划拟订，很少考虑受众的要求，传播功能比较单一，只发挥喉舌作用，新闻工作者和新闻传播媒介的主观能动性受到限制。改革开放以后，我国实行社会主义市场经济体制，一大批新闻传播媒介产生出来，受众市场和广告市场形成，新闻传播媒介逐渐走上了产业化的发展道路，新闻传播媒介之间的竞争加剧。这就给新闻工作者特别是新闻传播媒介的主管者增加了强大的压力，迫使他们充分发挥主动性和创造性。

第二，做好新闻策划有利于新闻报道主题鲜明、导向正确。

第三，做好新闻策划有利于客观地评估新闻价值，提高新闻报道水平。在新闻报道中，我们常常会遇到好题材没有写足，一般性题材却作为重点报道的情况，造成"优材劣用"或"小题大做"的弊端。新闻策划作为集体劳动可以比较客观准确地审视新闻价值，排除因个人偏见或癖好造成的对新闻价值的不公正评判。经过策划后的新闻报道，要求明确，任务具体，有利于记者深入采访。有新闻策划能力的记者有着强烈的采访欲，这使他们在采访中能自我施压采写出高质量的稿件。经过策划的新闻选题，在采访分工、发稿顺序、文图配置、言论配合等方面有充分的保障，所以能够组织最佳的采访方案，选择最佳的报道形式，取得最佳的报道效果。

第四，做好新闻策划有利于发掘各种新闻资源信息。新闻信息虽然到处都有，但是，在一定的时间和区域内，为受众普遍关心的新闻资源并不很多，"独家新闻"更是难觅。一旦发现这样的新闻资源，就应该紧紧抓住，做好新闻策划，这是避免"优材劣用"和"大材小用"弊端的一个有效途径。

一、新闻策划的特征

（一）新闻策划是对新闻报道的策划

策划是针对未来要发生的事件所做出的当前的决策。新闻策划要符合新闻的真实性原则。新闻的真实性原则关心的是新闻所报道的事实是不是一种客观存在的事实，只要是事实，不论是自然形成的还是人们有意识地经过策划形成的，只要它们具备了新闻的属性并有一定的新闻价值，都可以作为新闻事实加以报道。因此，在新闻策划的过程中，当发展中的事物由"隐性"向"显性"发展时，或者已经成为一种看得见、摸得着的客观存在时，这样的新闻策划就不能被认为是违背了新闻的真实性原则。所以，新闻事实是不能策划的，新闻报道活动（包括采访、写作、编辑、出版、播出）却是可以策划的，新闻策划就是对新闻报道活动的策划。

（二）创新性和科学性

新闻策划最重要的是要有创意或创新，没有创新，没有新颖的构想，只是一种常规的、平庸的报道，谈不上新闻策划。创新性是新闻策划的灵魂。创新性常常表现为"人无我有，人有我新，人新我优"。新闻策划的创新性就是标新立异，但是标新立异不是随意的，它必须有科学的根据。因此，新闻策划必须有科学性。所谓科学性是指新闻策划前必须认真调查研究、设计方案、进行可行性论证，在几种方案中选择最佳的方案予以实施。新闻策划的创新性和科学性在思维方式方面表现为超前性和求异性两种思维方式。

（三）普遍性和典型性

新闻策划的目的是提高新闻报道的质量，扩大其影响，这就要求新闻策划具有普遍性。越是具有普遍性的东西其针对性越强，也就越具有指导意义。新闻策划既要从普遍性的事实着眼，又要从普遍性的事实中选择典型性的事实，从典型性的事实入手。新闻报道的事实既有普遍性又有典型性，才能产生良好的宣传效果，这就是新闻策划的意义所在。普遍性和典型性在思维方式方面表现为宏观思维和微观思维两种。

（四）系统性和动态性

现代社会是一种网络式结构，各种利益集团和人际关系错综复杂地结合在一起，利益多元化和认知多元化的趋势日益明显。这就要求新闻工作者在进行新闻策划时对于某一事物的考察，不要局限于"点""线""面"的考察，而要从多层次、多角度、多因果、多变量去做系统考察。要善于从上下左右，过去现在去思考。新闻策划常常是围绕一个重大主题，从调查研究到计划制订，有一个较长的过程。报道思想的总体设计要考虑全面，它涉及众多的社会领域，报道形式和人员的配置也要形成优势互补，这些都是一个系统的策划过程所必需的。但是，新闻策划不是整个报道中独立存在的环节，策划者应该随着时间的推移和事态的发展，重新调整报道的规模、程度和表现形式。因此，新闻策划在系统性之外还必须根据具体情况的变化显示出动态性。新闻策划的系统性和动态性特征在思维方式方面表现为立体性思维和散发性思维两种思维方式的结合。

二、新闻策划的类型

从新闻传播学的意义上看，即从新闻业务的范畴看，新闻策划又可以分为新闻媒介定位策划、版面栏目策划和新闻报道策划三种类型。

（一）新闻媒介定位策划

新闻媒介定位策划一般又可以分为新闻媒介的定位策划和新闻栏目或节目的定位策划两种类型。这是关系到新闻媒介兴衰成败的关键，是新闻媒介最根本的新闻策划。各个新闻媒介要想在激烈的竞争中求得生存和发展，就必须在新闻市场中占有一定的份额，并且不断地扩大这种份额。而要做到这一点，它必须对自身进行准确的媒介定位，这就需要进行媒介的定位策划。新闻媒介的定位策划一般包括媒介性质定位、受众定位和策略定位三个方面。

（二）版面栏目策划

版面栏目策划包括专栏专版和节目策划。高水平的新闻专栏、专版，不仅可以体现新闻媒介的特色，同时还可以发挥新闻媒介的品牌效应，扩大新闻媒介的知名度。

（三）新闻报道策划

新闻报道策划可以分为战略性新闻报道策划、战役性新闻报道策划和战术性新闻报道策划三个层次。

三、新闻策划的方法

一般说来，新闻策划应该注意遵循以下四种基本方法或步骤。

（一）调查研究和目标定位

新闻策划的首要条件是目标明确，对于不同的客体有不同的目标定位。为此，开展广泛的调查研究活动，掌握大量的信息是非常必要的。首先，要开展受众调研和受众定位工作，新闻传播的对象是谁，他们有什么需求和爱好，应该心中有数。其次，要调研相关新闻传播媒介的报道特点、经验和教训，扬长避短，创造自己的特色。再次，要调研内外部的有利条件和不利条件，尤其是内部采编人员的思想作风、知识结构、文字水平、个人特长等情况。这样才能保障新闻策划的目标明确、力量集中、程序流畅、效应明显。

（二）制订方案和实施计划

一个思路开阔、经验丰富的新闻工作者往往能够制订出几套不同的新闻策划方案。这些方案或者是同一目标的不同方案，或者是不同目标的不同方案。这样，新闻策划者在组织实施方案的过程中，可以充分考虑新闻报道的实际情况，选择最佳方案，优化策划效果。报道方案制订后，紧接着是计划的实施，其中包括内部人员的配置、各个部门的分工协作、指挥机构的设立和规章制度的建立等环节。

（三）信息反馈和目标校正

任何策划不可能预见一切，一成不变，而应该随着客观环境的变化而变化。因此，在新闻策划中，新闻工作者要不断地收集目标、效果预测的信息，根据反馈修订原有的计划。这种修订不是放弃原有的策划，而是对原有方案的补充、修正和完善。

（四）论证和评估

新闻传播媒介的定位策划包括创办新报、新台或者新栏目、新节目，这往往要请专家论证和评估。战略性策划、战役性策划和战术性策划，也应该由领导和群众经过自上而下和自下而上的反复讨论和修订后确定。这样，就能集思广益、群策群力，从多角度和多侧面审视新闻策划，不断改进和完善新闻报道。

以上四个方面只是新闻策划最基本的方法或步骤，并不是它的全部，也不要求所有的新闻策划都必须严格按照上述方法或步骤去做。运用正确的思维方式和适当的操作方法进行新闻策划，对于改进新闻报道的效果是大有益处的。但是绝不可以无限地夸大新闻策划的作用，因为新闻策划毕竟只是新闻工作的一种手段，而不是新闻工作的目的，更不是全部的新闻工作。因此，新闻策划一定要注意以下四个方面的问题：

首先，新闻策划一定要符合实际。新闻策划的基础是客观实际，因此在进行新闻策划时一定要从实际出发，紧密联系实际。这里所指的"实际"有三个方面的含义：一是地域的实际，即新闻策划要符合新闻传播媒介所在地或者是新闻事实发生地的实际。二是新闻传播媒介本身的实际，即新闻策划一定要从自身的实际情况出发，不可贪大求全。新闻策划是要靠人和物的有机配置来实施并完成的，此家新闻传播媒介可以实施的新闻策划，彼家新闻传播媒介不一定能够效仿。有些策划尽管很巧妙，但是在实施过程中，由于没有考虑媒介本身的实际，物资配置不到位、采访不到位、新闻处理不到位时，很难收到预期效果。三是新闻宣传工作的实际，即新闻策划要考虑一个时期党和政府的新闻宣传工作的重点。宣传工作千头万绪，但是每个时期有每个时期的中心工作，有每个时期群众关注的"热点"问题。新闻策划只有紧紧抓住每个时期的中心工作和"热点"问题，即把握时代的脉搏，吃透中央的精神，找准切入点，才能产生好的效果。

其次，新闻策划不能滥用于所有的新闻报道工作中。一家新闻传播媒介每天报道的内容是大量的、全方位的，客观世界中有许多事实都可能成为新闻传播媒介报道的新闻。对此，任何一家新闻传播媒介都没有必要也不可能都进行策划。真正能够产生重大影响的新闻策划，只能是那些对于重大事实、典型事实和代表某种发展趋势的事实的策划。

再次，新闻策划不能变成策划新闻。新闻策划是对新闻报道方式的策划，不是对新闻事实的策划。有时候，新闻传播媒介为了扩大自己的社会影响，会抓住时机参与或组织一些社会活动。如果这些社会活动有益于受众，当然无可非议。但若仅仅是为了扩大自己的影响，特别是仅仅为了扩大自己的广告效益，则是不可取的。这种新闻策划，实际上是商业策划，或者说是"新闻策划"和"商业策划"的联姻。按照这种目的而组织的"新闻策划活动"，有时难免会制造出假新闻。因此，这种所谓的"新闻策划活动"不能被列入新闻策划的范畴。

最后，新闻策划不能虎头蛇尾。新闻策划是否成功，取决于最终的实施效果。许多新闻传播媒介曾经从良好的愿望出发做过一些新闻策划，但是真正能够达到预期目的、收效良好的并不多见。究其原因，在于它实施的力度缺少功夫，只能坐而言，不能起而行，或者言不信、行不果，结果虎头蛇尾、草草收场。这样的新闻策划是不可取的。

第二章　新闻宣传

宣传，通常是传播一种观点。翻阅古今中外的历史典籍，我们能够明显地感受到，凡是有所作为的杰出人物，都十分重视宣传的作用。历史上的一些杰出人物，运用宣传的水平达到了炉火纯青之境，曾经演绎了一幕又一幕精彩纷呈、可歌可泣的历史剧。当然，宣传也是一把"双刃剑"，有时可能对相关人物造成严重的伤害，可谓"成也宣传，败也宣传"。

第一节　新闻与宣传的关系

新闻与宣传不是一回事，但又有联系。新闻传播事实，宣传传播观点，宣传是为了影响人们的态度、引导人们的行为，以达到自己的目的。

在中国共产党各级党委直接领导下，在革命战争与和平建设年代，各级党报党台在宣传党的主张、揭露批判敌人、分化瓦解敌方、动员人民群众、凝聚各界力量、推动党的事业发展等各个方面，发挥了不可替代的重要作用。同时，它也成为人们获取消息、洞明世事不可或缺的信息来源。长期以来，包括一些从事专职新闻工作和专职宣传工作的人员在内的许多人都分不清两者之间的关系，常常将其混为一谈。

随着形势发展和社会进步特别是以互联网为基础的新兴媒体迅速崛起，我们传统的新闻工作和宣传工作面临许多新问题、新挑战。厘清新闻和宣传等基础性问题，是改进和加强新闻工作和宣传工作的基本前提和基本方略。新闻与宣传的关系比较特别，两者既密切相关，又有明显的区别。

一、新闻与宣传的共性

新闻与宣传具有许多相同之处。从传播学上讲，新闻与宣传都是一种信息传播活动，都具有传播一定信息、反映客观事实、影响社会舆论的目的。

同宣传一样，新闻传播也具有鲜明的阶级性和工具性，这决定了新闻传播也必定要承担宣传的任务。这一点，是世界各国的新闻媒体共有的实质性特征。

从现实情况来看，常常是新闻用于宣传，宣传寓于新闻，甚至新闻就是宣传。特别是在战争年代和阶级斗争比较尖锐、激烈的情况下，新闻传播与政治宣传几乎没有多大区别。

长期以来，特别是在我国，新闻与宣传通常被混合运用，不分彼此。

二、新闻与宣传的区别

从理论上讲，新闻与宣传至少存在六个方面的明显区别。

一是传播的内容不同。新闻传播的内容是最新的事实信息，而宣传传播的是某种观点和观念信息。事实是现实存在的，具有客观性、真实性。而观点和观念则具有天然的主观性特征，不一定是完全正确的，甚至可能是谬误。另外，观点或观念，对于一方来说，可能完全正确；而对于另一方来说，就有可能完全错误。这是新闻与宣传最根本的区别。

二是服务的对象不同。新闻的服务对象是受众，是传播主体满足客体求知欲和信息需求的活动。而宣传的服务对象则是传播主体自己，是满足自身需要的活动，是宣传主体为了谋取自身利益而开展的活动。

三是两者的目的不同。报道新闻的目的，是通过信息传播消除受众认知上的某些不确定性，吸引受众的注意力，从中谋取直接的现实利益和直接的经济利益。而宣传的目的，则是通过传播和灌输带有倾向性的观点，劝服或说服受众了解、认知、认同和接受传播主体的观点，争取受众的理解、信任和支持，从而谋取直接的政治利益和长远的经济利益。

四是传播的方式不同。新闻是报道事实，用事实说话，就事论事，以事感人，要求准确、真实、客观、公正，让受众自己总结观点，得出结论。宣传则是观点前置，重在说理，以理服人，有时摆事实也是为了用事实说明道理，要求观点和材料要统一，观点要鲜明、正确，材料要真实、典型。

五是采取的手段不同。新闻，是用不断报道最新事实的手段，来满足受众的求知欲和知情权。宣传，是用不断重复和灌输某种观点的手段，来劝服或说服受众接受自己的主张、支持自己的行动，有明显的强制性。

六是所处的地位不同。新闻是平行传播、平等实施。宣传是上传下受、我说你听。这也是新闻更通用、更易被社会公众接受，而宣传更易被误解、更易引发受众抵触情绪的根本原因。

三、运用新闻开展宣传

新形势下的社会公众，民主意识普遍增强，服从意识明显减弱。我们开展社会宣传，特别是通过新闻媒体开展宣传工作，应该高度重视策略和方法，否则，很容易使受众产生抵触情绪和逆反心理，轻则影响宣传效果，重则产生副作用。

宣传属于隐性工作策略。从宣传的概念、属性和特征来看，它包含不少负面成分。从客观上讲，宣传具有主观为自己的特征，很容易引发受众的戒备心理；重复的手段，很容易引发受众的抵触情绪；灌输的方法，很容易引发受众的逆反心理。所以，宣传属于策略范畴，是一种高级的工作计策和工作谋略，必须依靠高超的政治智慧和工作方法才能实现自己的意图。把握不好，就会增加有效传播的难度，难以实现传播效益最大化。策略，通常是秘而不宣的，自己把握的、隐性的，如果公之于众，很可能就减效了，甚至不灵了。战争策略是保密的，不能公开，在开战前，决不能向敌方展示"破敌之策"。宣传策略也应该内部把握，不宜过多渲染。开展宣传之前不应该"自贴标签"，更不应该向社会公众公开强调"我要对你们进行宣传了"。

新闻可以实现宣传目的。无论从理论上来讲，还是从客观现实来看，新闻比宣传更具亲和力，更容易被受众接受。新闻在采编过程中，通过优选切入点、调整变换视角、筛选事实材料等专业手法，完全可以运用合适的形式，实现宣传目的。另外，一旦公开宣传的内容与个别客观事实出现背离，宣传主体就会立即面临信任危机，而充分运用新闻报道，则能够有效规避或降低公开宣传的潜在副作用和风险。经过认真分析研究，笔者发现，美国十分善于"用新闻之名行宣传之实"，不仅实现了自身利益最大化，而且有效避免了公开宣传所造成的副作用。

第二节　宣传的概念和类型

按照中国社会科学院语言研究所编印的《现代汉语词典》的解释，"宣传"就是对群众说明讲解，使群众相信并跟着行动。按照《辞海》的解释，所谓"宣传"是指组织、团体或个人，为了达到一定的目的，灌输或扩散一定的观念，以劝服特定对象群体的合目的性的社会行为。综上所述，宣传具有鲜明的合目的性、社会性、阶级性、具体性和依附性。

据此，我们可以归纳出宣传的含义：宣传是组织、团体或个人为了达到一定的目的，运用重复或灌输的手段，劝服或说服特定群体或个人接受某种观点并使之行动的社会行为。

在汉语中，宣传是个中性词。在一定程度上说，宣传与武器相似，掌握在自己一方手中，宣传就是个好东西，就是褒义词。反之，宣传如果掌握在敌对一方手中，宣传就是坏东西，就是个贬义词。这一点，已经被无数的史实所证实。

宣传一直被统治阶层、被圣贤大德、被先知先觉者广泛用于维护统治、管理社会、教化大众、传播知识等方面。可以说，在人类历史发展过程中，宣传对于推动人类社会持续、健康、快速发展，发挥了很好的作用。

随着人类文明的高度发展，不同阶层的人群对于信息的掌握，逐渐趋于平衡和对称。报纸、杂志、广播、电视的出现，有效促使社会大众对于各类信息及时、准确了解。特别是进入以互联网为标志的信息时代之后，几乎不同社会阶层的人群在信息面前都实现了平等。人类社会真正实现了信息面前人人平等。社会公众自主获取信息渠道越来越多、能力越来越强，变得越来越聪明、越来越自信，越来越不需要别人的说明和讲解，越来越不需要别人的教育，越来越排斥、反感甚至厌恶别人的教化。宣传，特别是笨拙的宣传，越来越不受欢迎，甚至受到了越来越强烈的抵制，并诱发公众产生逆反心理。

所以，在新的形势下，宣传工作是一项高难度、高智力、高技巧的工作，是一项技术含量很高的上乘工作。宣传工作，必须由综合素质很高的人来从事和开展。

宣传有多种类型，包括政治宣传、经济宣传、文化宣传、科技宣传、商业宣传、军事宣传、宗教宣传等。

第三节 宣传效应

随着形势的发展，当今世情、国情、政情、民情等都发生了深刻变化。科学技术的突飞猛进，引发了传播手段的日新月异，人们获取信息的途径、渠道和手段日益增多，对客观世界、客观事物和现实问题的认识效率不断提升，认识角度日益多元，认识程度日益深刻。特别是当今的社会公众民主意识、自主意识明显增强，开展政治宣传、商业宣传面临许多新情况、新问题。宣传主体要想开展有效的宣传、提高宣传效率，必须深入研究现代宣传规律，只有把握宣传规律，才能有针对性地开展宣传工作。

一、宣传的矛盾效应

宣传的矛盾效应，即利己性与利他性，是指宣传主体与宣传客体之间相互排斥、相互影响、相互依存所产生的效果和反应。一般来讲，宣传的矛盾效应广泛存在于政治宣传、公益宣传和商业宣传等各类宣传活动之中，广泛存在于宣传战略、宣传策略和具体宣传活动之中。开展宣传主观上是利己的。通常情况下，宣传主体开展的所有宣传主观上首先是为自己服务的。宣传主体通过宣传某种主张或观点，使尽量多的社会受众尽量信服、响应并积极按照宣传主体意图行动，最终实现主体的目的。开展政治宣传主要是向社会公众展示和塑造某个国家、某个民族、某个政党、某个政府的良好形象，进而得到尽量多的社会公众支持、赞扬和拥护。开展商业宣传的目的更加直接，就是为了宣传主体实现自身利益最大化。

（一）开展宣传客观上是利他的

任何组织开展任何宣传，必须在客观上有利他性，这是开展宣传的基础，也是宣传与欺诈、欺骗的区分标准。也就是说，任何宣传，在有利于宣传主体的同时，也必须要有利于宣传客体或受众。我们经常见到一些人、一些公司，运用广告、宣传的手段，只顾自己赚钱谋利，开展虚假宣传，使消费者没有在商品或服务交换中享受应得的利益，欺骗、欺诈消费者。再比如，在竞争选举中，西方一些政党、政要、为了赢得公众的选票和支持，竭力宣传、公开承诺当选之后，将做出何种政绩、为公众谋取哪些利益等，都体现了宣传的利他性。

(二) 开展宣传必须把利己与利他结合起来

只有把宣传的利己性与利他性巧妙而有机地结合起来，才能实现宣传的目的。否则，无论成本多高、规模多大、形式多好，宣传都不会产生实质性效益，都无法实现宣传的目的。能否实现宣传的目的，最终要取决于宣传客体的响应程度和积极性。宣传主体开展宣传的积极性，来源于宣传的利己性；宣传客体的响应程度和积极性，主要取决于宣传的利他性。为此，一定要把宣传的利己性与利他性巧妙而有机地结合起来，要尽量淡化、弱化宣传的利己性，要尽量突出、强化宣传的利他性。

二、宣传的同一效应

宣传的同一效应，是指同一组织开展的宣传诸方面的互相渗透、互相贯通、互相依存、互相联结和互相转化的效果和反应。也就是说，同一个组织开展宣传，其基本主张必须具有稳定性，必须前后同一、上下同一、言行同一，这样的宣传才可能有效。否则，宣传效益就会下降，甚至很难奏效。

(一) 宣传主体必须具有稳定性

任何组织开展的任何宣传，其根本主张或基本主张必须具有稳定性，最好能够一以贯之。宣传主张保持基本稳定，既能够有效体现宣传主体的信誉，有效树立和维护宣传主体的社会形象，又能够促使宣传主体把开展的事业进行到位、进行到底。宣传主张朝令夕改、变化无常，是开展宣传的大忌。当然，根据形势的发展，宣传主体也要适时调整自己的阶段性宣传主张，但一定要慎重、科学、合理。特别需要注意的是，宣传主张的调整，既要符合受众的利益，又不能背离自己的根本主张。

（二）宣传主张必须上下同一

任何组织开展的任何宣传活动，形式可以灵活机动、多种多样，但宣传的根本主张或基本主张必须保持同一。宣传的社会效果和社会效益，与宣传的同一性成正比。通常，一个组织其结构多是分级分层的，各级组织常常分布于不同地域。但是，在开展宣传的过程中，作为宣传的组织者，必须统一宣传基调，努力确保不同层级的宣传内容同一，努力确保整个组织宣传基调一致。否则，任何一级组织的宣传主张、宣传基调、宣传内容一旦出现偏差，通过现代高度发达的传播媒介传播开来，就会对整个组织的宣传产生十分严重的负面影响，甚至使整个组织面临重大危机；特别是对于一个企业来说，它甚至可能会因此面临灭顶之灾。

（三）宣传主体的言行必须同一

任何组织开展的任何宣传，必须努力保持言行一致。一方面，保持宣传过程中的言行一致，可以用自己的实际行动向宣传对象印证自己的宣传，有效提高组织的社会信誉，不断扩大宣传效果；另一方面，与宣传内容一致的实际行动，又能够产生强烈的示范效应，而这种积极正面的示范效应，是最有力、最现实的宣传。反之，如果一个组织开展宣传，言行不一，甚至自相矛盾，那么，宣传就无法开展，更无法奏效，甚至会丧失受众的信任，最终会被社会公众抛弃。不论是政治组织，还是经济实体，一定要特别注重宣传过程中的言行同一。

三、宣传的责任效应

宣传的责任效应，是指宣传的主体对自己的宣传是否负责而产生的不同社会效果和社会反应。在一般情况下，无论是政治组织还是经济实体，只有对自己宣传的主张、内容负责任，才能产生积极正面的社会效果和社会反应，才能赢得受众或社会公众的信任，才能实现自己的宣传初衷。

（一）要对宣传的观点负责

无论是政治组织还是经济实体开展宣传，首先，必须确保宣传的观点是科学的、正确的、符合客观规律的，宣传伪科学观点、错误观点、违反客观规律的观点，就会严重损害组织的社会形象，开展的宣传活动也不会有效；其次，必须确保宣传的观点是合情的、合理的、合法的，宣传违背情理、违法乱纪的观点，就会危害社会，危害响应宣传的受众，开展宣传的组织也会被追究责任。

（二）要对宣传的内容负责

无论是政治组织还是经济实体，宣传主体应该对自己宣传的内容和承诺等负责任。宣传主体宣传的内容一定要具有现实性，宣传的承诺要能够兑现。宣传主体的宣传一旦出现失误，一定要尽早发现，尽快主动采取措施补救。实在无法实现的内容、无法兑现的承诺，要主动、及时、认真、负责地向受众解释清楚，并承担相应的责任和后果。宣传工作的大忌是不负责任的宣传，不负责任的宣传最终一定会以失败告终。

（三）要对宣传的手段负责

无论是政治组织还是经济实体，宣传主体一定要注重合情、合理、合法，确保宣传手法符合法理要求，这样的宣传才会真正赢得受众。如果只求宣传目的而不择手段，那么，即使一时有收效，也绝对不会长久，不仅会导致宣传失败，而且会损害宣传主体的社会形象，宣传主体也将会遭到受众唾弃。

四、宣传的迎合效应

宣传的迎合效应，是指宣传主体开展宣传的声音、语言、方法、行动等，要适合受众的口味和心意，并与受众相互配合、相互呼应。马克思、恩格斯认为，要满足宣传对象的心理需要，并有原则地迎合宣传对象。

（一）宣传主体必须与受众亲密接触

宣传的目的，是为了劝服或说服受众。因此，宣传主体必须与宣传客体进行尽量广泛、亲密的接触，尽可能地熟悉宣传对象，了解宣传对象的特点，有针对性地制定宣传战略，谋划宣传策略，确定宣传方法、开展宣传活动。另外，积极主动地与宣传对象亲密接触，有利于拉近与宣传对象的心理距离，有利于宣传对象接受宣传主体的主张和观点。

（二）宣传主张必须满足受众的需求

宣传效果和宣传效益，与满足受众需求的程度成正比。宣传主体的主张和观点，越是适应受众的需求，受众的响应程度越高，使受众受益程度越大，受众的响应程度越高；反之亦然。所以，宣传主体如何把自己的主张和观点，巧妙地、创造性地转化为让宣传客体受益的号召，或者说如何把自己的主张和观点与受众的现实利益和长远利益有机结合起来，是有效提高宣传效率的关键。比如，从

20世纪之初开始,中国共产党的领袖毛泽东把党的主张与当时中国的社会现实结合起来,提出了"打土豪,分田地"的宣传号召,广大贫苦农民立即奋起响应,与共产党齐心协力、出生入死、前仆后继。

(三) 宣传方法必须契合受众的心理

开展宣传,一定要深入了解受众的接受心理,增强宣传的针对性和有效性。马克思、恩格斯认为,应该尽量满足宣传对象的心理需求,因为这是宣传成功的条件之一。宣传要有效益,必须首先满足宣传对象的心理需求。宣传有一个原则,即先服务受众,再引导受众,要随着形势的发展,准确把握受众的阶段性接受心理,运用受众喜闻乐见的形式开展宣传工作。

五、宣传的精英效应

宣传的精英效应,是指不同类型的社会精英开展宣传工作所产生的独特的社会效果和社会反应。由于宣传的目的在于劝服人、说服人,特别是劝服或说服本组织之外的社会公众。所以,一般而言,领导、学者、专家、名人等社会精英,直接介入宣传工作,其宣传的主张或观点,更容易被社会公众接受、更容易形成积极的社会响应。

(一) 领导宣传更有效

通常情况下,任何组织之内,领导承担的责任更大、站位更高、眼光更远、视线更广。为此,相对一般工作人员而言,领导直接开展宣传工作,特别是直接身体力行地公开践行自己组织的宣传主张和宣传内容,则对社会公众更具劝服力、更具说服力,其宣传的社会效果和社会效益也更高。

（二）专家主张更可信

专家和学者专门从事某种学术研究或技术研究，具有相关专业技能、学识水平和创造能力，能够在相关领域表达思想，提出见解，引领社会思潮和技术潮流的能力较强。通常情况下，专家和学者直接参与宣传工作，更容易获得社会大众的认可和响应。特别是宣传主体之外的第三方专家和学者。

（三）名人带头更有力

各行各业中，能力较强、备受景仰的知名人士的社会影响力要远远大于普通人。动员这类人适时介入宣传、支持自己的主张或观点，将会产生显著的"名人效应"，收到良好的宣传效果。特别是一些歌星、影星、著名运动员等知名人士，其一言一行、一举一动，会对公众产生意想不到的效果。动员这类人士帮助宣传，特别是直接参与宣传，会产生强大的"明星效应"，收到事半功倍的效果。

第四节　宣传中的注意事项

随着形势的发展，特别是改革开放之后，我们面临的宣传环境发生了重大变化，必须对宣传工作的理念和形式进行必要的调整。

一、宣传不宜生硬灌输

开展宣传，总的原则是避"宣传"二字，无论是开展政治宣传还是开展商业宣传，都应该注重把握这一原则。否则就可能影响宣传效果、降低宣传效率和效益，甚至会使社会公众产生逆反心理和抵触情绪。

二、政务宣传宜实不宜虚

政务宣传，主要是宣传执政党和政府的路线、方针、政策，具体表现为会议宣传、政绩宣传、领导人活动宣传等。这类宣传原本是政府的强项，但近年来却成为弱项。主要原因是近年来这类宣传在实际操作过程中，出现了代写必须照发的"通稿"，导致宣传内容虚而不实，宣传形式公文化，社会公众不爱听、不爱看，很难实现政务宣传的意图和目的。

三、会议宣传要紧扣主题

近年来，不少主流媒体从业者反映，对会议宣传不感兴趣的老百姓越来越多，这与有关机构的相关调研结果比较一致。

而事实上，各级党委和政府召开的每个会议，都包含着非常重要的国计民生信息，这些信息都与老百姓的工作和生活息息相关，远比各类社会新闻、娱乐新闻重要得多。但是，会议宣传却常常是"突出了参会的领导，淡化了会议的内容"，会议中许多老百姓关心、关注的重要信息，被官话连篇的公文式语言和面面俱到的叙述所淹没，一般群众根本就抓不住关键要点和核心内容。

比如，某省的年终目标责任制考核总结大会，会务组给出了一字不得更改的"通稿"，要求省里主要媒体照发。而这篇长达数千字的"通稿"，通篇都是"某某某指出""某某某强调""某某某要求"，就是缺少哪些地区和部门优秀、哪些地区和部门良好、哪些地区和部门一般、哪些地区和部门不合格等最重要的考核信息。这样开展会议宣传，社会效果可想而知。

四、成就宣传要翔实具体

成就宣传的出发点，应该是展示发展成就、凝聚发展共识、鼓舞发展士气、汇聚发展力量，并以此取得社会公众的认可和支持，谋求更大更好发展，而不是沽名钓誉、取悦领导、谋求私利。

为此，开展成就宣传必须正确处理宏观与微观、全局与局部，社会与个人的内容信息安排。要多用微观内容，少用宏观信息；要多用局部内容，少用全局信息；要多用个人内容，少用社会信息。要用个人工作和生活的变化，反映社会的发展进步；要用局部的发展变化，反映全局事业的发展进步；要用微观层面的细节变化，反映宏观层面的发展进步。因为宏观的、全局的、社会的信息，多数是运用庞大的数字进行的定性描述，对于社会大众来说比较枯燥，多数群众对此不感兴趣。而从微观的、局部的、个人的内容切入，就会让人感到非常翔实、非常具体并富有故事性、很容易被广大社会公众所接受。

五、领导活动宣传要精练

宣传的功能主要是教育群众、鼓舞群众、凝聚群众、发动群众，这就为我们如何开展领导人活动的宣传提供了依据。

首先，要注重宣传党和国家的领袖人物。领袖人物代表着党和国家，通过对领袖思想和言行的宣传，有利于国内大众的思想统一、意志统一，有利于凝聚群众、发动群众，有利于鼓舞士气、推动发展。

其次，地方各级领导干部的宣传要精练。如前撰述，宣传的功能是教育群众、鼓舞群众、凝聚群众、发动群众,而不是教育领导、鼓舞领导、凝聚领导、发动领导,教育、鼓舞、凝聚、发动领导应该通过行政和组织手段实施。因此,对于领导人活动的宣传,应该力戒繁多。否则,不仅不利于提高领导干部在社会公众中的威望,而且可能引发公众的逆反心理,产生副作用,给领导干部带来不应有的麻烦。

第五节 典型宣传

日常工作中,需要对一些典型人物和主要事件进行宣传,就是通常说的典型宣传。对典型宣传来说,感动人是对宣传典型最基本的要求,激励人是对典型宣传的普遍要求,而培养人才是宣传先进典型的最高追求。

一、传统先进典型的五个特征

近年来,我们在选树先进典型上做了大量卓有成效的工作,推出了一大批感人至深的先进典型,积累了许多成功的经验。但是,随着社会形势和时代的发展,有些方面还需要进一步改进和加强。通过对近年来一些先进典型宣传报道的理性思考,可以发现,在典型宣传方面,存在一些非常独特的现象。这些现象既是特征所在,也是不足之处。归结起来,主要有五个特征:

(一) 背景穷困

我们报道的有些先进典型,其所在的地区及家庭都非常贫穷。客观上,这些典型让人感到我国十分贫穷、十分落后。

首先，先进典型所在的地区十分贫穷。我们常常可以看到，媒体宣传的先进典型所在的地区，自然环境十分恶劣，或干旱少雨，或雨多成灾；或极端缺水，或洪涝成灾；或山大路险，或沟深偏僻；或靠天吃饭，或产业单一；或广种薄收，或口粮难保；等等。先进典型长期在这种艰难、贫困的环境下奋斗、抗争。

其次，先进典型自身生活十分贫穷。我们常常可以看到，人类历史已经进入了21世纪，而我们宣传的先进典型，有的却依然停留在20世纪五六十年代的生活环境里，家中没有一样值钱的东西，甚至连一辆自行车都没有；有的先进典型公而忘私，家庭的重担全部落到了妻子身上；有的由于家境贫困，学习成绩非常优秀的子女不得不放弃上学的机会外出打工；有的把本应寄给子女的生活费捐给集体或贫困户；有的多年来连件衣服都舍不得买，临终时还穿着20多年前当兵时的黄军装，上面补丁叠补丁。

（二）遭遇苦难

一些先进典型，常常是长期处于接连遭遇不幸、亲人病困交加、经济收入微薄、家庭负担很重、日常生活很苦的困境之中。

比如，某地树立了一位重要先进典型人物。30年前，他新婚刚刚一年的妻子，生下女儿后因"产后身痛"不幸去世。于是，他主动承担起照料岳父母和患病妻弟的责任。后来，岳父突患脑卒中，全身瘫痪，家庭重担全部压在了他的身上。岳父瘫痪在床18年，他精心护理，不喊苦、不喊累，18年的时间里，老人没有得过褥疮。为省钱给两位老人看病，他四处打零工，经常挖野菜、捡菜叶，连水果也没舍得给自己买。岳母患有肺气肿、胃溃疡，丧失了劳动能力，妻弟先天呆傻。为了尽心竭力照顾家人，他多次拒绝组建新的家庭。如此苦难的家庭生活，并没有影响他的工作。在单位，他更是立足岗位、忠于职守、兢兢业业,用心干好每一项工作。

(三) 劳累付出

一些先进典型所从事的工作,异常劳累。先进人物或举全家之力而为之,收获甚微,或透支精力、透支体力、透支健康;或积劳成疾、带病劳作,因此而英年早逝。

比如,某地宣传一个检察官的先进事迹,说他从事政法工作近30年来,公正执法、秉公办案、忘我工作、无私奉献。因长期超负荷工作,他身患多种疾病,在罹患肝硬化、糖尿病综合征并得知病情恶化的情况下,他克服常人难以想象的困难,以惊人的毅力与病魔做斗争,视使命重于生命,视职责重于泰山,把有限的生命投入到无限的工作中去,先后3次累倒、2次吐血、2次被送入医院进行急救,摘除了脾脏仍无私忘我,以铁人般的毅力工作在岗位上,在查办职务犯罪这个特殊的领域做出了优异的业绩。他用"宁可拖垮身体,也不给事业留遗憾""只要我有一口气就要办好案""生命不在长短,而在价值"的铁血誓言,表现了一名共产党员、一名人民检察官、一名政法基层领导干部对党、对人民、对法律的无限忠诚,赢得了社会各界的广泛赞誉,在人民群众中树立了人民检察官的高大形象,树立了领导干部的杰出榜样。

(四) 艰难抗争

常常可以看到,我们选树的一些先进人物所从事的工作或事业困难重重,再加上其工作之余热心公益、积极助人,常常使自己处于十分无助的窘迫境地。

新闻媒体对一些重大典型先进事迹的报道,有时非常耐人寻味。有的先进典型长期在十分贫困的地区,面对贫困落后的自然环境、生产环境、工作环境和生活环境，缺粮少吃、缺衣少穿、缺医少药、缺技术、缺资金、缺人才、缺政策，他们在带领周围群众顽强地与自然抗争、与命运抗争时，处处受阻、事事不顺、挫折不断，常常面临困境甚至绝境。让人不解的是，在这样一个非常漫长的艰难过程中，先进典型往往得不到当地上级党委、政府的及时支持，反而会碰到一些不应有的障碍和阻力，他只能孤军奋战，甚至在危急情况下不得已而付出生命的代价。

（五）悲伤结局

我们宣传报道的一些先进人物，无论是平时的工作、生活，还是最后的人生结局，都让人感到非常悲惨。

有些先进典型长期以来一直工作、生活在非常恶劣的环境之中，殚精竭虑、积劳成疾，有的长期患病；有的恶疾缠身；有的抱病而逝；有的累死在工作岗位上；有的被恶性事故夺去生命；有的在抢险救灾中壮烈牺牲。新形势下，在经济建设取得显著成果的今天，在中国现实社会中，绝大多数人早已摆脱了穷困，生活质量显著提升。有的人不累不苦，有的人累而不苦，有的人苦而不累。而我们宣传报道的一些典型，不仅又苦又累，而且很穷、很难、很惨。过多地宣传报道这样的典型，是否存在副作用，值得认真思考、推敲和商榷。试想，这样很穷、很苦、很累、很难、很惨的先进典型，时下的年轻人会不会争先恐后地去学习？会不会心甘情愿地去践行？会不会身体力行地去做这样的典型？

应该说，我们宣传报道的这些先进典型，其事迹很好、催人泪下、可歌可泣、感人至深，看完、听完让人肃然起敬，但回味起来，却让人感到有些心酸。这样的先进典型，虽然很能感动人，但在激励人、培养人方面，似乎稍显不足。所以，有些先进典型大力宣传报道所产生的社会效果，并不十分理想。

二、如何选树先进典型

要使典型宣传报道产生更好的社会效果，最重要的是筛选先进典型。我们所处的时代发展迅速、英模辈出，发现典型不难，难点和关键点在于筛选典型。

有人曾认真分析了我国历史上特别是中国共产党成立以来涌现出的280多个先进典型，个个事迹都十分过硬，感人至深。分析发现，凡是影响最深远、最广泛的先进典型全部具有6个基本属性，反过来讲，要想筛选出立得住、叫得响、传得开、影响大的典型，则先进典型应当需要同时具备下列6个属性。

(一) 先进典型必须具有先进性

所谓"先进"，是先行、先导、先锋的意思，按照《现代汉语词典》的解释，"先进"是指进步比较快、水平比较高、可以作为学习榜样的。

先进典型的先进性是指其人其事必须是相关地区、相关行业、相关人群中的先进分子和先进事例。其人其事必须能够吸引人、打动人、感动人。这是对先进典型最基本的要求。

多年来，我们选树的典型、模范，除极少数存在弄虚作假之外，绝大多数的典型、模范，都具备明显的先进性。换句话来说，我们在选树典型、模范时，对于选树对象的先进性比较容易把握，选树的先进典型可以是个人，也可以是集体。选树先进典型要面向基层。越是基层，选树起来越容易，特别是选树先进集体。选树先进集体越是基层、单位越小，越容易树立；而级别越高、单位越大，越难树立。

我们总结了一下：选树先进典型，个人比集体容易，基层比机关容易，小单位比大单位容易，逝者比生者容易。

(二) 先进典型必须具有时代性

按照《辞海》的解释，"时代"是按照一定历史时期内的某个阶级在政治活动中所占据的地位以及依据各阶级的经济、政治、文化等状况来划分的社会发展阶段。

关于"时代"一词，《现代汉语词典》的解释则更加简明、通俗："时代"是指历史上以经济、政治、文化等状况为依据而划分的时期。先进典型的时代性，是指其人其事至少必须具备下列五个要素：一是必须与党和国家的工作大局一致；二是必须与社会主流意识相符；三是必须与当时的时代脉搏合拍；四是必须与社会的现实需求相应；五是必须与公众对社会的心理期盼共鸣。

要想成功选树重大先进典型，时代性标准不仅特别重要，而且较难把握。上述五个要素，必须同时具备，缺一不可。否则，选树对象的事迹再先进，也难以传得开，难以叫得响，其社会影响更难以广泛、深远。简单、通俗地举例来讲，先进典型的时代性，就是说：抗日战争时期我们要选树"地道战""地雷战""李向阳""狼牙山五壮士"之类的抗日典型，而不能选树"打土豪、分田地"之类的典型；解放战争时期，我们要选树"董存瑞"式的典型，不能选树"雷锋"式和平年代的典型；和平时期，我们要选树"雷锋""焦裕禄"式的典型，不能选树战争年代的典型。同理，在当今新形势下，我们要选树市场经济条件中的典型，而不能选树计划经济条件下的典型。

值得特别重视的是，如果很久以前的老典型，在不同的时代，永葆先进本色，与时俱进，锐意进取，开拓创新，成绩突出，一直走在时代的前列,则不仅是先进典型"时代性"的完美体现,而且是选树重大先进典型最为理想的对象。善于及时发现、适时选树、重新推出这样的老典型,常常会一举成功,并可能形成轰动效应。

(三)先进典型必须具有示范性

按照《现代汉语词典》的解释,"示范"是指做出某种可供大家学习的典范。示范,可以作为同一行业或同一类人中的先进者,作为一个标杆供别人或单位学习。

示范,也叫可学性,是指其人其事必须要让社会公众感到可以学、能够学、可以做、能做好。选树先进典型,可学性越强越好、能够学习的人越多、范围越广越好;反之,可学性越不强、能够学习的人越少、范围越小,则越不利。如果我们选树宣传的典型,让社会公众感到学不了、不能学、做不到、做不好,就肯定达不到理想的示范效果。

以下列举几种不具有示范性的类型。

1. 高山仰止型

我们的一些顶尖科学家,其科学精神、爱国情怀、勇攀科技高峰的事迹、对国家做出的巨大贡献等,无不令人由衷敬佩,这样的科学家,会成为科技工作者学习的榜样,会对科技界产生良好的影响。但对于绝大多数普通社会公众来说,他们除了敬佩,就是感叹。"高山仰止"型人们无法企及,想学也学不了,更不可能做到,其可学性就逊于雷锋类的典型。

2. 英雄壮举型

在新时期,公安战线上的一些特警,乔装打扮打入贩毒集团、暴力犯罪团伙内部,与犯罪分子巧妙周旋、斗智斗勇,侦查犯罪事实、收集证据，经过血与火的考验，舍生忘死打击犯罪，有的人为此英勇献身，其英雄壮举的确动人心魄、感人至深。这样的先进典型，最适合在公检法系统特别是刑警队伍中宣传推广。但类似的英雄壮举和先进事迹，一般社会公众很难做到，也很难遇到类似的情境，宣传推广常常难以在普通群众中产生理想的社会效果。

以往的实践证明，这样的典型在我们大力宣传之后，绝大多数的宣传效果没有达到我们当初的心理预期。笔者认为，其症结很可能出在"示范性不够"上。

3. 常人难及型

在选树先进典型的工作中，我们常常可以看到，有些选树对象的先进事迹和典型做法十分感人，非常值得大力宣传。但是，等到选树、推出、宣传之后，效果总不理想。笔者曾经带领一个大型媒体采访团，采访某地的一个选树对象。这个人是在敬老院工作的一位中年女性，她在多年照顾老人的工作中，把院内的孤独老人视为亲人，其所做的一些事情，虽然不是什么壮举，但一般人难以做到。比如一位智障老人感冒后拒绝进食。她为了能让老人饮食有规律，给老人做示范，引导老人吃香蕉。她自己先吃了一口，老人才咬了一口吃下，香蕉上沾上了老人流下的鼻涕，老人让她再吃一口，她只有和老人一人一口轮着吃，老人才肯吃。于是，她心甘情愿地与老人一人一口、一口一口地吃下沾着老人鼻涕的香蕉。在以后的几天里，她喂老人吃饭也是如此。她的做法，令现场记者为之动容。但报道之后，并未收到应有的效果，这可能也是因为她的做法常人难以做到。

(四) 先进典型必须具备亲和性

亲和性，是指先进典型的言行表现、事迹作为、外在形象及其善良、友好、随和的态度令社会公众感到可亲、可近、可交。

北宋政治家司马光曾经说过:"爱者易亲,敬者易疏。"意思是说,受人喜爱的人,容易受到人们的亲近;受人尊敬的人,人们却容易对其敬而远之。

杰出人物、庙堂高官、豪侠富贾、科学巨匠等,是人们敬的。而先进典型,则必须是人们喜爱的。所以,我们在选树先进典型时,应该更加注重其人其事能够被社会公众所喜爱。

比如,宋代的包拯,铁面无私、执法如山,其人品和事迹,备受世人赞叹、称道,但其脸黑如炭、刚正无情。这样的人,让人敬畏有余,亲和力却不足。所以,包拯只能是一个好官员、好法官,但不能成为全社会最理想的先进典型。

(五)先进典型必须具备首发性

所谓首发性,是指选树、推出的典型,必须是同一时期、同一行业、同类典型中的第一个,必须是首次推出。否则,即使投入的宣传力量再大也很难超越先前已经树立的典型,很难在社会公众心目中取代先前的典型,只能是"一阵风"式的宣传。

比如,雷锋的先进事迹,是同类先进典型中最早被报道的,因而,形成了强大的"首声效应",对社会各界产生了广泛的影响,给人留下了十分深刻、深远的印象。

后来,在雷锋精神的启发和激励下,全党、全军、全国相继涌现并推出了大批先进典型,形成了英模辈出的时代,但就其影响来说,都远远不及雷锋。

特别是解放军系统推出的王杰、刘英俊、欧阳海等先进典型,都是用自己年轻的生命,诠释人民军队全心全意为人民服务宗旨的英雄烈士。王杰烈士生前是济南军区驻江苏徐州某部工兵一连五班班长。1965年7月14日,在邳州张楼乡教授、辅导民兵地雷训练时,不知是谁触发了电雷管,当时有3秒钟的爆炸延时,蹲身讲解的王杰只要往后一仰肯定没事,但周围站着学习观看的12个民兵肯定难以幸免。此时的王杰,毅然选择了扑向爆炸物,被炸得粉身碎骨。12名民兵虽然负伤,但均无大碍。其英雄壮举惊天地、泣鬼神。但由于首发性的差异及其他原因的影响,就其社会影响而言,不及雷锋。

(六) 先进典型必须具备稀缺性

按照《现代汉语词典》的解释,"稀"是指事物出现得少,很少有的、极少见的、很难得的。

所谓先进典型的稀缺性,是指选树对象的其人其事是十分少见的,否则,就难以树立为先进典型。先进典型的稀缺性有三层含义。

1. 选树对象的所作所为十分稀缺

选树对象具备的事迹,是平常之人难以遇到的,即使遇到也难以像选树对象那样做得到,或即使努力去做也难以像选树对象那样做得那么好。比如,在关键时刻舍生取义、杀身成仁、宁死不屈的英雄和烈士等。

2. 选树对象是平凡中的非凡

毛泽东主席说过:"一个人做点好事并不难,难的是一辈子只做好事,不做坏事。"毛泽东主席说的就是平凡之中的不平凡、平凡之中的伟大,这很少有人能够做得到,更少有人做得好,它体现出此类典型的稀缺性。

3. 选树的先进典型要尽量少

特别是重大先进典型,数量越少越好。在同一个时期、同一个地域，如果选树的数量太多，其先进性就会被稀释，就会被打折扣，甚至就体现不出先进性了。比如，我们选树宣传"最美教师"或"最美医生"，应该是在同一区域中只选"最美"，只能存在一个。如果一下子树立十几个甚至几十个，那他们还能算是"最美"吗？这值得思考和商榷。

三、典型宣传注意事项

典型宣传，包括现实先进典型宣传、虚拟先进典型宣传和反面典型宣传，这三个方面是典型宣传的三个维度。现实先进典型宣传，是指对现实工作和生活中真实的先进典型的宣传。虚拟先进典型宣传，是指对虚拟世界中先进典型的宣传。反面典型宣传，是指对工作和生活中，真实的、反面的人和事进行宣传，这是对先进典型宣传的必要补充。

（一）注重先进典型的推广

相关组织或单位要根据先进典型的属性，设计相应的活动载体，普及推广先进典型的成功做法和经验，引导和带动大众，在全社会形成崇尚先进、学习先进、争当先进的良好风气，从而复制更多的先进集体、先进个人。这是我们选树、传播先进典型的基本目的。

（二）注重宣传虚拟先进典型

现实先进典型在现实社会中学习、工作、生活，对其进行宣传，必须符合实际。而对虚拟先进典型的宣传，则可以超越实际、高于生活，宣传虚拟先进典型，社会效果可能更好。

（三）区分宣传事迹与宣传人物

在我国漫长的历史进程中，统治阶层用道义手段，极力遏制社会大众的自我意识和趋利意识，通过宣传典型教化公众要以义为先，并反对见利忘义。所以，传统意义上的典型宣传，以宣传人物为主，力求把人物塑造为高尚而完美的对象。

在市场经济条件下，社会公众的趋利意识被空前激发。从严格意义上讲，"高尚的人""纯粹的人""完美的人"是不存在的。所以，我们宣传典型，应该多宣传事迹，少树立人物，多弘扬善行、少树立榜样，多鼓励义举、少称赞人品。

另外，在典型宣传特别是在命名表彰中，应该尽量少用、最好不用"最美""好人"等词语。比如，一些地区一批接一批地表彰宣传"最美人物"，每次表彰宣传十几个甚至几十个，这样的做法值得商榷。因为从严格意义上讲，一个地区或一个行业只能推出一个"最美人物"，而推出两个以上就谈不上"最美"了。

客观上，在芸芸众生之中，好事易做、好事好找，而好人难做、好人难找。"好人"这个称号对其本人也会是一个长期的、沉重的负担。因为你被命名为"好人"了，就必须得做好事，别无选择。即使我们确认此人过去做的都是好事，我们谁都不敢保证他今后只做好事、不做错事或坏事。所以，宣传先进事迹比宣传先进人物更现实、更灵活、更可信。

（四）典型宣传宜少不宜多

近年来，各级、各地、各部门选树了许多先进典型，对于倡导社会新风、弘扬社会正气，发挥了非常积极的作用。但是，像雷锋、焦裕禄那样深入人心的典型却很少，甚至选树的不少典型社会公众都不知晓。

近些年，典型宣传最普遍的副作用，就是社会公众对我们宣传的许多典型都不在意、不关注、不了解、不去学、不把我们宣传的典型当典型了。这与我们树立典型、宣传典型的初衷是相悖的。所以，先进典型的树立和宣传，宜少不宜多。多了，不仅会"稀释"先进典型的先进性，而且会大大增加典型宣传的风险。

比如，重庆市原副市长王立军，曾被多次树立为重大先进典型，先后获得"中国十大杰出民警""全国劳动模范""全国五一劳动奖章""重庆市人民卫士""全国公安战线一级英雄模范"等多种荣誉称号。从相关照片上看，其获得的荣誉勋章前胸都别不下了。但最后，他却以徇私枉法罪、叛逃罪、滥用职权罪、受贿罪等多项罪名，被追究刑事责任。

先进典型的坍塌，对于党委和政府的形象特别是对典型宣传的负面影响，十分严重。所以，我们在典型树立和宣传上，要宁少勿多。

第三章　新闻发布

第一节　新闻发言人制度

1983年4月23日，中国记者首次向中外记者介绍国务院各部委和人民团体的新闻发言人，这被认为是我国新闻发言人制度的正式起点。随后政府新闻发言人制度的发展便显现出加速成长的趋势。2003年，SARS疫情暴发后，倒逼和推动了我国新闻发言人制度全面建立；2008年在网络媒体的成熟发展及其影响与感召下，国务院颁布了《政府信息公开条例》；2009年，党的十七届四中全会明确提出"建立党委新闻发言人制度"；2013年10月15日，《国务院办公厅关于进一步加强政府信息公开回应社会关切提升政府公信力的意见》发布，进一步将"政务微博"正式确立为继政府新闻发布会、政府网站之后的第三大官方权威信息发布平台。此后，随着互联网和新媒体在新技术、新应用领域的加速普及，也让基于网络媒介的政务公开和新闻发布不断提速。

纵观我国政府信息公开和新闻发布事业走过的30多年历程，前20年（1983年~2003年）政府新闻发布制度建设以及实际工作的发展一直比较平缓，仅仅局限在国务院新闻办和各大部委层面，而在此之后动作频频，尤其是在有了微博之后释放给社会的新闻信息超过了前20年发布量的总和，并日渐趋向于常态化。从最早的"无可奉告"到今天的"有法可依"，新闻发布制度极大地推进了我国政治民主化建设进程，保障了公民基本权利的落地。笔者认为，这是我们党和政府一路在不断解放思想、转变思想和开放思想中"进化"而来的必然结果。同时我们应当看到，新闻发布工作从传统灌输式的宣传到交互式传播，从传播到基于微博的即时新闻发布和开放式信息服务，媒介环境的变迁不断助推传统政府新闻发布的理念升级和转型，也让各级党委和政府在亲民和与社会沟通的效率和效能上，显示出无限美好而无穷的探索空间。

中国人民大学舆论研究所发布的《中国社会舆情年度报告》指出，中国已进入"危机常态化社会"，特别是伴随着移动互联网的高速发展，微博手机客户端更是让随手拍的"草根新闻"在近年来的重大突发性公共事件面前，几乎每每抢占"第一空间"和"第一时间"而成为事件信息的"第一发布"。这种基于现场视频目击见证式的即时新闻发布与社会化交互传播的"草根新闻"已经成为舆论场的一种新常态。

第二节　新闻发布规范

政府新闻发布既是一项制度，又是一项系统化的工作，新闻发言人制度是其中一个重要组成部分。新闻发言人作为一个"制度人",通过各种形式来为政府代言,发布新闻、沟通媒体和公众。新闻发布会是新闻发布的主要形式之一。

我国政府新闻发布会目前主要包括三类,即国务院新闻办、国务院各部门和省级政府举行的新闻发布会。其中既有定期的例行发布会,也有为配合国家有关重要方针政策出台,向公众解疑释惑,或发生重大与突发公共事件时介绍情况、应对不实舆论报道等而举行的不定期新闻发布会。

新闻发言人是国家、政党、社会团体任命或指定的专职或兼职新闻发布人员。新闻发言人的主要职责是利用新闻发布会、接受记者采访等发布形式,就某些特定的政府新闻信息通过媒体向社会公开发布。这些要素的固定化和制度化,就构成了新闻发言人制度。

目前,我国政府的新闻发布会按发布方式主要分为两种:一是"自主发布"或"无主题发布",即由新闻发言人出面,定时、定点举行新闻发布会,如外交部、教育部、公安部、卫计委、国台办和上海市政府新闻发言人定期召开发布会,回答记者各方面的提问;二是"搭台"发布或"有主题发布",由各级政府新闻办公室定期或不定期邀请不同业务部门有关负责人或新闻发言人进行新闻发布,国务院新闻办公室、国务院各部门和省级人民政府新闻办公室举行的绝大部分新闻发布会均属此类。

一、政府新闻发布工作的主要任务和主要内容

(一) 政府新闻发布工作的主要任务

第一,紧紧围绕党和政府的中心工作,全面、准确、主动、及时地向国内外公众介绍我国在改革开放、经济建设、社会发展等方

面的重大方针政策及其执行情况和取得的成效，增进国内外公众对我国政府工作的了解和理解。

第二，针对境内外舆情动向，及时发布权威信息，解疑释惑，消除不实或歪曲报道的影响，维护我国社会稳定和良好国际形象，为政府工作营造良好的国际国内舆论环境。

（二）政府新闻发布的主要内容

第一，介绍政府有关工作，包括政府及各部门制定的重要法规规章、重大方针政策，有关法规规章和政策的执行情况及进展。

第二，就国内外关注的重大热点问题，阐明政府或相关部门的主张。

第三，发生重大自然灾害、事故灾难、公共卫生和一些社会安全事件等突发公共事件时，及时、准确、客观、全面介绍事件情况、政府举措和公众防范措施等。

第四，针对外界对政府工作的误解、疑虑以及歪曲和谣言，通过及时发布权威信息、解疑释惑、澄清事实、驳斥谣言。

第五，发布其他需要通过媒体向公众介绍的政府信息。

二、政府新闻发布的主要形式

只有灵活运用政府新闻发布的各种形式，才能获得好的传播效果。选择不同形式来进行新闻发布，本身也是政府立场、态度的一种鲜明体现。不同的发布形式会在很大程度上影响发布效果。新闻发言人不仅要细心甄别和考虑各种发布形式的适用范围和实际操作效果，还要在新闻发布前根据即将发布的信息的自身特点和发布时的环境参数（如舆论热点、记者需求等）来选择合适的发布形式。

政府新闻发布形式主要有六种。

不同的新闻发布形式在正式性、灵活性、公开性和可操作性等方面各有不同,也因此带来了适用情况的区别。

(一) 新闻发布会

1. 定义

新闻发布会是指政府或政府有关部门举行的向新闻媒体介绍政府立场、观点、态度和有关方针、政策、措施等政府信息的问答式会议。新闻发布会为官员提供了一个通过媒体向公众传达信息的机会,也为公众提供了一个通过媒体向官员提问和获得信息的机会。当前这种新闻发布形式已成为公众比较熟悉的形式之一。

2. 特点

体现出政府的高度重视,便于政府和诸多媒体直接进行双向交流。形式隆重,权威性高,公开面广,互动性强,常用广播、电视和网络直播。但是,准备程序相对复杂,发布要求较高。发布会的时间可长可短。

3. 适用范围

在安排一次新闻发布会之前,请首先思考以下问题:
(1) 新闻发布会是否是最好的方式?
(2) 信息是否有足够的新闻价值能使媒体记者满意而归?
(3) 是否为回答记者提问做好了充分准备?

只有当发布主题足够重要、内容足够丰富、对记者具备足够的吸引力时,才适合举行新闻发布会。

(二) 背景吹风会

1. 定义

背景吹风会是指新闻发言人小范围地向媒体透露一些信息,以影响和引导读者进行相关报道的新闻发布方式。其内容大多被要求不做报道，或在报道中不做直接引用。它是新闻发布会的一种重要辅助形式。

2. 特点

不必定点定时，形式相对简单，有时要求在报道中隐匿消息来源，可锁定部分目标媒体进行小范围的发布，发布者对信息的掌控度高。

3. 适用范围

背景吹风会属于非正式新闻发布会，灵活性比较高。它常被用作正式发布活动的前奏，是一种特殊的新闻探测方式，新闻发言人可以先给媒体简单透露一些信息，通过观察媒体初步的报道以及由此带来的社会反响，来决定下一步的行动方案。背景吹风会很适用于发布某些暂时不愿炒热但又需在一定范围内传播的消息，这种发布形式气氛比较轻松，邀请的记者一般是小范围的，应邀者大多是一些具有代表性的媒体或关系融洽的记者。地点可在一个小会议室或发言人办公室里，甚至在咖啡厅或者饭桌上举行，它不如新闻发布会正式，能说一些在正式场合不便说的话，这种做法不仅可以服务新闻界，借此培养一些核心媒体，还可以使新闻发言人在很大程度上把握舆论的方向，因为这时记者拿到的通常是发言人最想广泛传播的那部分信息。

(三) 记者采访

1. 定义

这种发布形式是指新闻发言人主动或应邀约见独家或多家媒体，安排记者采访来发布新闻信息的方式。它包括组织记者集体采访或单独采访。

2. 特点

灵活机动、时效性好，可体现政府主动性，又可有选择地接触媒体，有利于深入交流和树立发言人的良好形象。

3. 适用范围

新闻发言人主动接受记者采访，可以及时与新闻界沟通，树立政府开放透明的形象。集体采访同新闻发布会相比，气氛比较轻松，答问也可以详尽些，由于范围比新闻发布会小，记者有多次提问机会。专访一般来说是记者更愿意采取的独家采访形式，因为可以获得更多独家新闻，日常情况下，媒体有需要时，新闻发言人应该尽量安排。有时可以把两种形式结合起来，先安排集体采访，结束后再安排某家媒体做专访。

小规模的媒体采访，新闻发言人也应该有充分的准备，在坚守原则立场的前提下，较多地采用人际传播的技巧，对记者提供细节，晓之以理、动之以情。值得注意的是，遇到危机和敏感问题时，最好安排两家或两家以上的媒体同时采访，否则容易因为单个媒体报道的某些偏颇造成严重后果。

（四）以政府新闻发言人的名义发布新闻公报、声明、谈话

1. 定义

以新闻发言人名义发布新闻公报是指新闻发言人由党和政府授权郑重宣布某项新闻事实，或者对某项政治事件发表声明。它代表着党和政府的立场、态度和主张。声明和谈话则是新闻发言人就有关事项或问题向社会表明本部门、本单位的立场、态度和观点等。

2. 特点

郑重程度高、政治性强，采用书面和官方语言。

3. 适用范围

这是在特定场合使用的具有相当政治严肃性的新闻发布形式，新闻公报、声明和谈话可以在报刊登载，也可以通过广播、电视播发等。公报、声明、谈话发表之前一定要慎重考虑，经反复审定后，选择恰当的媒体播发。

它也可以作为一种变通的形式日常使用，通过向有关媒体提供新闻稿的方式发布不是很重要的新闻内容。

（五）利用电话、传真和电子邮件答复记者问询

1. 定义

当有热点新闻出现或是媒体需要确证某些新闻信息时，政府新闻办公室常常需要用电话、传真和电子邮件等方式来及时回复记者问询。

2. 特点

及时、简便、灵活、针对性强，需要反应快速。

3. 适用范围

当一些重大突发公共事件、热点、焦点新闻发生时，或者记者需要立即求证某些重要信息时，这种新闻发布方式用处很大。公开新闻发言人的名单和联系方式，开通媒体与政府联系的"快速通道"，本身也是政府透明、开放的一种重要体现，对那些外地或是境外记者更是非常方便。但使用此种方式时一定要谨慎，注意方法。

电话采访一般不应马上回复。收到采访邀请后，应做好记录，经请示、研究后给予正式的回复。

得到授权后，回复人一般以电子邮件的形式答复记者问询，回

复时应尽可能有书面文稿。以传真和电子邮件的方式答复记者问询都属于接受书面采访，可根据媒体的需要和可供发布的具体情况，提供书面的采访稿。电话、传真、电子邮件的回复要注意时效，尽可能在媒体要求的时间内回复。

（六）通过政府网站发布新闻信息

1. 定义

它是指政府新闻办公室在官方网站上发布政府的重要文件、档案、报告和其他信息，以及上传新闻发布会的多媒体记录等，它是当前互联网迅速发展的形势下，政府信息发布的重要形式之一。

2. 特点

传播成本低，即时发布、滚动发布，易于全面地为大众所接受，可供有需要者随时搜寻并获取，具有交互性。

3. 适用范围

日常工作中，政府网站要力图构建起一个权威、丰富、便于查询的平台，把握信息发布的主动权。同时，政府网站也要构建一个平等、交流、互动的信息平台，答复记者问询，了解民意，把握媒体动向。

在公共危机事件或者其他突发事件爆发时，政府如果充分利用网络传播的时效性、广泛性和互动性，第一时间给出政府的态度和声明，就可以展现出政府主动沟通、积极应对的姿态，有效地稳定民心，防止不实报道带来的负面影响。

随着我国互联网的迅速发展和网民数量的急剧增加，政府网站的信息发布工作亟待进一步加强。

三、政府新闻发布的策划

新闻发布的策划是指新闻发布活动要考虑和安排好"谁说、什么时间说、在哪里说、给谁说、说什么、说多少、怎样说"这七个环节。

(一) 确定发布主题

新闻发布会"说什么"的问题也就是要确定发布的新闻主题。除了突发公共事件新闻发布的事件本身就构成了新闻主题之外,其他各种新闻发布会都需要确定一个到多个新闻主题。所要发布的新闻主题要切合三个"点",即政府要说的、媒体关注的、公众关心的。如果发布的主题不符合这三点,发布会的吸引力就会减弱,传播面就会变窄,效果就不会好。

新闻发布会的主题要有新闻性。新闻性体现在所要发布的新闻是否具有新闻价值。新闻价值的判断主要有下列五个标准。

1. 重要性

所要发布的新闻事件是否对当前的社会生活、公众利益产生重大影响?影响越大,所要发布主题的新闻性越强。

2. 时效性

所要发布的新闻事件是否是最近发生的?新闻发布离事件发生的时间越短,所要发布主题的新闻性越强。

3. 接近性

所要发布的新闻与公众是否有"地缘"或者"心理缘"的密切关系?地缘接近性是指新闻事件是否属于发生在公众身边的事情,心理缘接近性是指新闻事件是否在经济、文化等诸方面与公众有密切关系。例如上海发生的新闻对上海市民体现出地缘接近性，而对北京生活的上海人会体现出心理缘接近性。

4. 显著性

著名人物、单位、团体的动态往往引人注目。公众知名人物或单位的动态总是具有一定的新闻性。

5. 趣味性

富有人情味，能引起人们情感共鸣的事件通常也具有新闻价值。任何一个事件，只要兼具时效性和以上其他任何一个特性，就有成为新闻的可能。当然符合的标准越多，事件的新闻价值越高。通常我们会通过考察主题新闻价值的大小，也就是考察主题是否具有新闻性，来判断是否发布此主题。

一般来说，发布主题的新闻性是首先要考虑的问题，必须避免新闻发布会没有"新"闻的情况，没有"新"闻的发布会只会让公众和媒体质疑发布部门的专业能力。

每一个主题，都要进行精心包装，使得主题新闻性更强、传播效果更好。包装主题要充分利用影响新闻价值大小的几个特性，充分突出这些特性，增强主题的新闻性。

(二) 确定发布人

新闻发布人通常情况下是本部门的新闻发言人或是最了解新闻事实的决策参与者。新闻发布人要有权威性，权威性与发言人发布新闻事实的参与度相关。参与度越高，权威性越高。某些专业性较强的主题，由部门的分管领导发布显然更具权威性，而且分管领导更专业，更加熟悉台前幕后的情况，能够轻松自如应对意想不到的问题。

在考虑新闻发布人权威性的同时，也要考虑新闻发布人的政治素质、新闻素养、语言与知识素养、气质外形等条件。考虑到发布主题涉及面比较广，某些部门要求多人参与，各自负责属于自己方面的问题，而事实上这样的效果并不好。新闻发布台上人数要少，要避免把一些没有发布任务的领导安排陪坐，不要形成传统会议中的主席台模式。往往有些热点问题是针对其中某一个人，这就会造成其他人陪坐到终场的尴尬局面。而且，会议主席台式的落座方式造成一种政府办公会议式的严肃气氛，不利于场内形成交流的气氛。

新闻发布人要尽量全面熟悉情况，原则上只安排一位新闻发布人。特殊情况可以安排两到三人，最多不超过三人。一人为主，其他人补充回答。

（三）选择发布时机

选择新闻发布的时机，有几条原则可以遵循：

第一，政府中心工作往往会成为公众和媒体高度关注的话题，因此要围绕中心工作设置新闻发布的议程，特别是要紧紧抓住政府出台重大政策措施、法律法规的时机，在重大决策、重要文件、重要法律法规出台时尽可能举办新闻发布会，公布、介绍和解读权威信息，这样有利于权威信息的快速、准确传播，从而为公众所了解、接受和支持，最终有利于政府中心工作的推进与实施。

第二，突发公共事件或者是重大突发新闻，发布的时机要遵循时效性原则，越快越主动，千万不能拖沓观望，否则等到小道消息或者非官方消息充斥各处时，再做补救式的新闻发布，就会让本部门处于极端被动的位置，造成公众对政府的信任危机。

第三，某些需要向公众说明的问题需要找到新闻由头，不留痕迹地带出主题。这样对媒体更有吸引力，效果更好。

第四，在具体考虑一场新闻发布会的召开时间时，还要适当照顾各类媒体的发稿时限，例如报纸的截稿时间、电视主打新闻节目的截稿时间等。如果预留的时间太短，记者可能只能提供简讯式的稿件，很难写出高质量的稿件。另外需要注意的是某些专业性媒体是以周报或周二刊的形式出版的，有些专业性话题要照顾到周报的出版周期。

第五，还要考虑避免其他重大新闻"冲"掉所要发布的新闻，以免造成新闻"打架"的情况。要尽量避开可以预见到的"大"新闻，寻找合适的发布时机。

（四）选择发布地点

1. 新闻发布厅

常规新闻发布会一般都在专用的新闻发布厅举行，发布厅的布置相对固定，设备齐全，运作方便，在准备阶段可以节省很多精力。某些时候，如条件不具备，可以临时使用会议室做发布厅。会议室要符合预计出席发布会的记者人数。这种情况下要事先充分考虑新闻发布基本设备的需要以及交通和停车等问题。

2. 现场

突发事件的新闻发布一般在现场进行。现场发布极具新闻性，有极强的吸引力和感染力。突发事件发生时，记者往往蜂拥而至，事件现场发布可以造成强烈的临场感。

（五）确定发布受众

1. 按主题选定核心受众群

政府新闻发布的对象是广大公众，但是每个主题必然有其特定的核心受众群。新闻发布要考虑受众的情况，根据内容确定传播目的和范围。例如有关城市"低保"问题的新闻发布会，最为关心此话题的受众基本上都是低收入人群，根据这一特点，确定传播目的是提高新闻在城市低收入人群中的知晓度，获得他们的理解和支持。据此，通过研究得知城市低收入家庭的媒介使用偏向于电视和广播，报纸、杂志和网络的使用率较低，所以在召开新闻发布会的时候要重点照顾到电视和广播媒介。为获得理解和支持，会后发布方可以重点给电视记者采访机会，有条件的话可以就此专题参加电视或广播访谈节目，配合新闻发布会进一步宣传。

2. 根据目的选择不同媒体

根据新闻发布的目的，可以选择覆盖不同地区和人群的媒体。例如有关房地产政策的新闻发布会不仅需要邀请综合性媒体，还要邀请房地产和经济类的专业媒体出席。

3. 向中外有资格的媒体开放

当前，我国的发展受世界关注的程度越来越高，政府新闻发布会除有特殊安排外，应向所有具有采访资格的中外新闻媒体记者开放。

(六) 选择表达形式

"怎样说"指的是在新闻发布会上新闻发言人使用怎样的语言和表达手段，来向媒体记者说明事实。

1. "数"和"料"

在新闻发布的时候，发言人要牢记使用有"数"和有"料"的语言。有"数"就是说发布要有口径、有底线、要准确且简洁生动。

有"料"就是说发布要有新闻性，信息量大，避免呆板单调的官话套话。这体现了发言人对发布口径的掌握程度和对发布底线的牢牢把握。新闻发布会在策划之初就要考虑到，把所要发布的新闻中最核心、最符合新闻价值的那部分内容如何进行重点说明，避免程式化的语言。策划时要有意识拟定一些关键词或引语，让记者感到不虚此行。例如在某次有关贸易争端的国务院新闻办新闻发布会上，商务部部长一句"你压半斤，我减八两"，生动地表示了国家对国内企业的支持，成为翌日各大报纸、网站的头条新闻，这句话几乎出现在每一篇相关的报道中。

2. 图片、图表、视频

根据不同媒体的特点，发言人运用多种"说"的手段，例如图片、图表、视频的应用，最大限度传播要"说"的内容。"说"不仅仅是嘴上讲，还要用其他方式形象地展示。图片、图表、视频的应用能让信息发布更直观有效，多数媒体也非常愿意接受和引用所提供的材料。这些手段的运用，能有效地为媒体制造报道的素材，增大所发布新闻在媒体中的报道量。

3. 说话的艺术

某些情况下发言人要掌握说话的艺术，将宣传意图隐藏在新闻发布中。例如上文提到的可以使用新闻由头带出宣传主题；某些需要充分说明的问题在答问环节中进一步阐述；将问题引到自己需要说明的主题上，等等。总之，策划的时候要充分包装主题，通过各种手段以"润物细无声"的方式传达自己要说的话，避免将宣传简单化。

第三节 新闻发布策略

新闻发布的核心是新闻发布的内容。要想实现新闻发布工作效果最理想、效益最大化,必须讲求新闻发布策略,采取科学有效的方法,精心策划,周密组织。

一、新闻发布工作的基础和内容

从严格意义上讲,人们常常使用的"正面新闻、负面新闻""正面报道,负面报道"等说法,是不准确的。

新闻和报道反映的是新近发生或正在发生的事实,也就是说,新闻反映的是事实,是事实的直接反映。所以,新闻或报道没有正面、负面之分,而事实或事件却有正面、负面之别。

新闻发布工作的基础是客观事实,是新近发生或正在发生的事实。比如,党的重大方针政策出台、政府重要管理办法规则实施、重要新产品问世、重大事故和灾害等都属于新近发生的事实,而在建重大工程项目、正在流行的重大疫情等,则都属于正在发生的事实。

新闻发布的客观事实也可以是新近发现的事实。比如,重要历史疑案的真相大白、重大考古发现、重要历史事件亲历者的现身等。

二、辩证认识正面事件和负面事件

习惯上,有些地区、单位和部门及其领导干部,对于发布正面事件的新闻比较积极、主动甚至热衷参与,认为发布正面事件的新闻很风光、很有面子，能够展示本地区、本单位和本部门的工作成绩，能够引起社会各界的广泛关注、能够受到社会公众的肯定赞扬，还能够得到上级领导的赞扬奖励。

而他们对于负面事件的新闻发布则持消极、被动、回避的态度，采取遮掩甚至封堵的做法，认为发布负面事件的新闻很丢人，很没面子，有损本地区、本单位和本部门的形象，会引起社会各界的不满，受到社会公众的指责，使上级领导产生不好的看法，影响单位发展，不利于个人进步。

事实上，这些想法和做法都是缺乏辩证思维的，都是片面的、消极的、不明智的。

新闻发布工作，依据的是客观事实。只要事实是客观存在的，就是不以人的意志为转移的。特别是负面事件，不管你承认还是否认、正视还是回避、公开还是掩盖，都对其存在状态发挥不了任何作用。

实践反复证明，回避、掩盖、否认会使问题急剧恶化，造成无法预料的后果，不仅无法实现自己的意图，而且会损害党和政府的公信力，损害单位的形象，使本地区、本单位、本部门陷入十分被动的困境，造成更大的甚至是无法挽回的损失。

正面事件有时会产生负面效果，负面事件也可能形成正面效果。正面事件的新闻，如果考虑不周，发布不当，有可能转化为负面事件，进而引发危机。同理，出现负面事件后，如果主要领导采取正确认识的态度对其进行科学处理，遵循新闻规律，周密策划，及时发布相关信息，那么，它就很有可能产生正面效果，甚至产生正面事件无法达到的效果，这也不是绝对不可能的。

三、追求正面事件社会效益最大化

正面事件通常会产生正面新闻和正面的社会效果，这很容易做到。但是，如果要想做好，就不是一件容易的事了。发布正面新闻，往往按照传统的发布方式，平铺直叙，客观描述，毫无新意。而对于媒体和记者而言，采编报道正面事件时，他们也很少像采编报道负面事件那样用心、那样卖力，所以正面事件的新闻报道通常难以产生轰动性的社会效果。

要实现正面事件社会效益最大化，关键取决于新闻采编人的策划能力。要使正面事件产生最大、最好、最积极的社会影响，虽然很不容易，但通过科学统筹、精心策划，是完全能够实现的。正面事件是十分宝贵的新闻资源，采编人认真挖掘，充分报道，能够给人以奋发向上的精神动力，能够产生良好的示范作用，能够鼓舞人们振奋起来、行动起来。

从整个社会来看，正面事件每天都会发生和出现，种类繁杂、数量众多。但是，它常常因为事件发生地没有建立高效的新闻发布机制，难以形成广泛传播的环境而被埋没；或因为事件发生地的新闻发布机制不敏感，没有将隐含于司空见惯事物中的正面事件纳入视线，没有及时发现而被遗漏；或因为事件发生地的新闻发布机制效率不高，对于发现的正面事件没有及时向新闻媒体推出，贻误了最佳时机而被错过；或因为当地有关人员对于正面事件的认识不准确、不到位、不深刻，没有把最感人、最震撼、最具有时代特征的一面展现出来，没有充分发挥出应有的影响力，等等。

四、严防正面事件产生负面效应

正面事件通常会产生正面效果。但是，如果处理不当，正面事件很有可能形成很大的负面新闻、产生严重的负面效果。有时，正面事件引发的负面效果和作用，要远远大于负面事件产生的消极影响，且在短期内很难消除，所以，在新闻发布工作中，一定要认真考量，严防正面事件产生负面效应。

（一）确保正面事件的真实性

防止正面事件形成负面效果最重要、最关键的是，一定要确保正面事件的真实性。真实性是新闻工作的铁律，也是新闻发布工作的基础。发布正面事件的新闻，一定要对事实进行再三确认。确认事实的几种方法：

一是请正面事件的提供单位确认。按照"谁主张，谁举证"的原则指导提供正面事件的单位或部门，认真核查有关物证、人证，两者缺一不可。

二是请专业机构确认。根据正面事件的性质，请相应专业机构严格按照专业规则，采取专业手段、技术手段，对正面事件进行确认。

三是请专家进行确认。聘请正面事件涉及问题和领域的专家、学者组织鉴定团体，进行科学的论证和确认。

（二）要全面认识正面事件

要防止正面事件形成负面效果，必须胸怀大局意识，站在更高的位置，运用更加长远的目光，对正面事件进行冷静理智的审视。

一是审视正面事件与大局是否相符。我们推介、发布的正面事件新闻，决不能与国家的宏观政策和工作大局相悖。

地方发布的政策、法规，决不能与国家的政策、法规相左。

（三）巧妙处理准正面事件

在一些非常特殊的情况下，可能会出现一些比较特别的正面事件，虽然它具有许多合理性，但同时也存在某些不确定性。也就是说，此正面事件的真实性暂时还不能够得到完全确认。而对于此正面事件发生的地区、单位和部门来说，其公开报道、广泛传播此正面事件，会收到非常好的社会效益和经济效益。并且，早一天公开报道、广泛传播，就早一天受益。这种情况应该如何决策？

如果政府或单位正式组织发布活动向社会各界公开报道、广泛传播这类事件，则能够立竿见影地达到目的。但是其中存在一定的风险，因为此正面事件短期内还没有完全得到确认，万一是虚假事件或含有虚假成分，则会产生较坏的社会影响，政府或单位的公信力就会受到较大损害。

五、力争负面事件产生正面效果

负面事件不一定形成负面新闻。传统观念认为"好事不出门，坏事传千里"，负面事件一经公布，一定会迅速传开，极大地损害本地区、本单位、本部门的社会形象，造成严重的负面影响。

事实上并非如此，负面事件不一定只会产生负面新闻，更不一定只会产生负面效果。相反，负面事件不仅完全可能产生正面新闻，而且还可能会收到正面事件难以产生的良好效果。使负面事件产生正面效果，是一种高超的政治智慧和高明的领导艺术，也是新闻发布工作的最高境界。做到了这一点，无异于点瓦砾成金玉、化腐朽为神奇。要做到这一点，必须具备一些必要的条件。

（一）必须能够及时察觉负面事件

及时察觉负面事件的前兆和苗头是及时处理的前提。对于新闻发布者来说，其目力所及和感知范围是有限的，不可能随时随地、毫无疏漏地准确发现本地区、本单位、本部门所有负面事件的苗头和前兆。而及时察觉负面事件的前兆和苗头，最好、最有效的办法就是发动群众。"群众的眼睛是雪亮的"，任何负面事件的前兆和苗头都逃不过广大干部群众的眼睛。如果本地区、本单位、本部门的广大干部群众能够自觉、主动地为我们的工作进行监控守护，我们的各级组织就会耳聪目明、明察秋毫，就能够及时有效地发现问题，妥善合理地解决问题，为我们新闻发布工作的谋划、策划赢得先机和主动权。

发动群众的根本方法是切实把广大干部群众作为单位和组织的主人，坚持党的群众路线，实行领导干部和一般干部群众相结合的领导方法和工作方法，坚持从群众中来到群众中去。从群众中来，就是充分依靠群众及时发现我们工作中存在的问题；到群众中去，就是全面依靠广大干部群众的支持搞好新闻发布工作，有效化解危机，树立党和政府的威信。

（二）决策者必须开明睿智

决策者厚道亲民是及时察觉负面事件的前兆和苗头的基础。决策者的执政理事理念是装不出来的、掩盖不住的，会直接体现在平时的工作和生活之中，所有广大干部群众都会有切身的体会和深切的感受。如果决策者或主要领导干部在广大干部群众面前飞扬跋扈、盛气凌人，就会人为拉大与广大干部群众的心理距离，干部群众发现了问题，有的不敢说、有的不愿说、有的虽然想说但没有说话机会、有的甚至根本不想说并希望早一点看到决策者丢官倒霉的下场。所以，决策者特别是主要领导干部坚持以人为本、亲民爱民尤为重要，这既是一贯的要求，也是化解特别事件的群众基础。

决策者开明务实是正确对待负面事件的决定性因素。决策者特别是主要领导干部的工作作风,在特别事件的处理过程中十分关键。是正确面对,还是视而不见;是积极作为,还是封堵掩盖;是正视问题,还是粉饰太平;是彻底解决,还是虚与委蛇;是以己为本,还是以人为本;是刚愎自用,还是广纳忠言;是爱慕虚荣,还是讲求实效,所有这些,都是能否正确对待负面事件的决定性因素。

决策者通达睿智,是激发新闻发布队伍聪明才智的核心因素。如前所述,我们伟大的祖先舜帝,通达睿智的重要表现之一就是十分重视、十分信任、十分亲近"新闻官",赋予"新闻官"上情下达、下情上传的职责;授予"新闻官"不管是清早还是深夜,随时可以出入于舜帝左右的特权,这大大激发了"新闻官"忠于职守、恪尽心力的意识和行为。先祖舜帝的通达睿智,至今对于我们的各级领导者和决策者来说都有很大的借鉴价值。这样的做法,能够真正激发新闻发布工作者的开拓性、创造性和开展工作的积极性、主动性。

(三) 必须实行智慧的管理方法

管理体制是凝聚一个单位或组织的黏合剂,管理体制和管理方法体现着管理文化,管理文化是更高层次的管理方略。有些单位和组织,管理体制或管理方法可能是相同或相似的,但具体到每一个党政机关、企事业单位,都应该有其各不相同甚至是独特的机关文化或企业文化。我们以企业文化为例,加以讨论。

当今,企业科学管理的理论和实践中存在两种截然不同的企业文化模式:一是欧美模式,它以美国为代表。美国企业文化的内涵和核心是"胡萝卜加大棒子",即用物质刺激和严厉惩罚来激发和维持职工的工作积极性,不注重感情色彩,突出硬性管理特征。二是日韩模式，它以日本为代表。日本企业文化的内涵和核心是"亲情加家庭"，即把企业办得具有家庭特点，用感情和亲情凝聚职工，管理者不仅关心职工的工作，而且关心职工的家庭和生活，激发职工的主人翁意识和自觉工作的主动性，注重人文关怀，突出感情激励特征。

第四章　新兴媒体

第一节　新兴媒体概况

互联网的特点是连接一切，连接人和人、人和物、人和服务，尤其是移动互联网的迅速普及，手机、平板电脑等移动终端使人们可以 24 小时在线，随时随地捕捉、分享、交流各种信息。

在传统媒体时代，报纸、杂志、广播、电视等大众传媒是传播的"把关人"，可以垄断舆论主流声音。可是在互联网时代，人人都有麦克风，处处都是"记录者"，尤其是随着微博、微信的普及，社会化媒体给人们提供了前所未有的发声空间，众说纷纭、众声喧哗已成为舆论新常态。在传统媒体时代，媒体是党和政府与人民群众沟通的桥梁，具备引导社会舆论、塑造党和政府良好形象等重要功能；在互联网时代，传统媒体的影响力已经不及微博、微信等社会化媒体，新型媒体已经成为社会舆论酿造、发酵与传播的最重要舆论场。政府传播面临着多元、多变、多样的全新舆论环境。适应互联网带来的新环境和新挑战，关系到党和政府的执政能力与基本的生存能力，转变政府传播模式就尤为重要，要变被动为主动，要在有效的时间内赢得主动权、掌握话语权。

当今社会，科学技术突飞猛进，传播手段日新月异，颠覆了传统新闻传播规律，打破了传统新闻传播格局，突破了传统新闻传播时空，刷新了传统新闻传播观念；信息网络高度发达，信息传播效益日益提高，推动了传媒领域革命性进步，有力地促进了新闻传播事业的快速发展。

目前，我国拥有报纸2,000多种，广播、电视台站3,000多个，期刊9,000多种。截至2020年12月，我国的网民总体规模已占全球网民的1/5左右。"十三五"期间，我国网民规模从6.88亿增长至9.89亿，五年增长了43.7%。截至2020年12月，我国网民规模为9.89亿，较2020年3月新增网民8,540万，互联网普及率达70.4%，较2020年3月提升了5.9个百分点。

一、认识新兴媒体的新特点

新兴媒体，是以现代计算机信息技术为基础，以网络为基本依托，实现信息传播的载体，是信息传播过程中携带、搭载和传递信息的所有物质工具。它主要包括互联网、移动通信网、手机、移动电视等。相对于传统媒体，新兴媒体具有明显的优势和特点。

（一）信息量大

目前，互联网既是现有的最为庞大的计算机网络，也是最大的新闻传播媒体。世界各地联网的计算机多媒体终端数以亿计，每个终端既是新闻信息的接收者，又是新闻信息的传播者。网上新闻信息种类繁多，浩如烟海，内容涉及政治、经济、军事、文化、教育、科学、技术、生活、娱乐等方方面面，可谓包罗万象、无所不有。

海量的信息以超文本的形式分门别类地存储在网络服务提供商（ISP）若干台高性能计算机中，这些计算机就是人们常说的服务器。目前，互联网的拓扑结构是由星型拓扑结构、环形拓扑结构、总线拓扑结构、网状拓扑结构等所组成的混合结构网络，大致以星型拓扑结构、环形拓扑结构为主。所谓的互联网拓扑结构，实质上就是互联网的物理结构。

庞大的互联网中，有着无数个节点，每个节点都是互联互通的。在每个重要节点上，都设有很多服务器提供信息服务和技术支持。随着信息的不断增多，网上服务器的数量在日益增加。

目前，普通用户只要缴纳低廉的费用，就能将自己的多媒体计算机接入互联网。从理论上讲，用户只要接入互联网，就能够访问任何国家、任何地区的任何一台互联网上的服务器。在实际中，用户只要接入互联网，就能查到、看到任何在网上公开的信息。其中，不包括黑客采用非法手段，对一些保密网站和加密信息的攻击和解密。

为了便于普通用户查阅信息，很多网络服务提供商免费提供了许多便利的信息搜索引擎，也就是信息查询工具，比如，百度、搜狗等。普通用户可以使用这些搜索工具，方便地查阅任何信息。这些信息只有你想不到的，没有你查不到的。

现在，各地又相继开设了无线上网、移动电视、4G手机等新型媒体业务，互联网、传统电信网和有线电视网相互渗透、相互融合，形成了"三网合一"局面，实现了网络资源共享，避免了低水平重复建设，形成了对用户需求响应快、内容多、效率高、费用低的高速宽带多媒体信息平台。

（二）覆盖面广

长期以来，报纸、杂志、广播、电视等传统媒体，存在明显的区域性，特别是各级地方新闻媒体，新闻传播的范围基本上局限在本行政区域之内，陕西省的报纸不可能在河北省大量发行，山东省的广播电台在云南省又收听不到，上海的电视节目办得再好山西省也无法收看。虽然现在各省都有了上星的频道、频率，但受接收条件和落地费的限制，覆盖范围也受到很大影响。市县级的媒体传播范围就更小了。为此，在新闻传播上，世界各国、国内各省区市，基本上是自说自听、自拉自唱，传播效果、传播效率、传播效益均不理想。

网络传播具有广域性。网络传播以互联网为依托和载体，互联网覆盖到哪里，网络新闻的传播就能覆盖到哪里，不受国界的限制，不受行政区划的制约，无时不有、无处不在。

近年来，我国的互联网高速发展，丝毫没有落在发达国家之后。我国新闻界抓住机遇，乘势而上，基于互联网，对传统新闻媒体进行了大胆的嫁接与改良。目前，我国所有报纸、杂志、广播、电视等传统新闻媒体都已经建立了相应的网站，普通用户通过搜索或直接登录相应媒体网站，既可阅读最新的报纸杂志，收听收看广播电视直播，又可查阅、点播下载各个新闻媒体以往的新闻资料，而且都是免费的，十分适合国人厉行节俭的理念，能够充分满足国人收藏备用的意愿，大大增强了新闻传播的吸引力和亲和力，扩大了主流新闻媒体的覆盖面，促进了党和政府传播意图的实现。

（三）时效性强

过去传统媒体新闻的报道时限，杂志以周、月计，广播电视以小时计，报纸以日计，报道新闻的时间周期相对较长，报纸杂志投递时间、新闻节目播出时间等都是固定的，人们只能被动地接受。传统媒体报道的新闻信息难以突破有限的版面和时段的限制，信息量相对较小，新闻内容相对单一。随着经济社会的快速发展，社会公众的生活节奏逐渐变快，传统媒体越来越难以满足人们随时获取有用信息的需求，越来越难以满足人们多样化的信息需求，曾一度出现了受众群体流失、影响力减弱的态势。

新兴媒体特别是网络媒体的传播，不仅无国界、无省市边界的限制，而且不受时间限制、不受空间约束。互联网的独特结构和传播技术，决定了网络信息传播具有很强的隐匿性、广泛性、开放性、交互性、实时性等特点，很难跟踪、很难约束、很难管理。所以，网络新闻的采编，传播的"门槛儿"不仅很低，而且具有周期短、成本低的显著优势，并使网络新闻的采编、传播具有很强的随意性、自主性、独立性和免责性，人人都可采编新闻，随时随地都能传播，在很大程度上满足了现代人对公共话语权的即时需求。

传统新闻媒体充分认识到了这一点，正在充分利用网络新闻传播即时、快捷的巨大优势，不断提高新闻传播的时效性。传统媒体的绝大多数记者，特别是年轻记者，都能够熟练运用现代数字信息设备，边采访边制作新闻，并通过互联网，随时把新闻稿件和采编的节目资料发回单位总编室，新闻编辑立刻就能进行编辑、制作、刊播。许多传统媒体还赋予了资深记者直接在媒体网站上增加网页、发布新闻的权力，不仅大大增强了传统媒体新闻传播的时效性，而且大幅减少了采编成本，提高了一线记者的发稿率，增强了采编人员的工作积极性、主动性。

网站、笔记本电脑相连接，通过互联网直接上传到总编室的版样上,进入电子编排程序,各系统处理刊发,前后只需几分钟。更有先进的数码相机本身就带有上网功能,互联网上的新闻点播服务更加丰富多彩,用户不仅能随时点击浏览各个方面的新闻,而且能够即时了解世界上任何一个角落发生的最新、最热门的新闻。

（四）交互性好

网络新闻传播具有独特的、良好的交互性,可以充分利用每个新闻网页的"评论""留言簿""网上论坛"等栏目,加强受众、记者、编辑、政府等各个方面的相互交流和沟通。受众不再是被动地"你写我读、你播我看、你说我听",而是可以主动参与、主动评论,自由发表自己的主张。

传统媒体上网后,受到许多受众欢迎。不少受众看完节目和新闻,随即留言或发来电子邮件,积极鼓励、支持和参与编辑工作,有的提供新闻线索,有的提出合理意见,有的提出改进建议,有的无偿提供各种资料,有的咨询有关问题。编辑能够及时了解读者意见和建议,不断改进节目的形式,不断丰富新闻的内容,并及时为受众解疑释惑,为广大受众提供更有针对性的服务,增强了新闻媒体的亲和力。

受众与受众之间,受众与编辑、记者、政府之间,能够通过多种方式就新闻媒体反映的各种社会问题,进行广泛、坦诚、"面对面"的交流与沟通。为方便网络用户之间的交流,网络服务提供商还免费提供了专供用户交流的独立服务器和共享软件,这些共享软件不仅能够实现用户之间的文字互动交流,还提供了音频、视频等实时交流系统。这种交流沟通,可以是一对一,也可以是一对多,还可以是多对多。

（五）形式多样

为了适应人们求新、求异、求变的心理，满足受众获取信息形式多样化的现实需求，新兴传媒的传播形式不断丰富、多样，包括传统媒体在内的网络传播，正在向着多媒体传播方式转变。

网络传播是互联网本身固有的信息传播功能。在信息传播上，网络传播具有得天独厚的优势，同时具备文字、语言、图画、照片、影像、影片、动画、音频、视频等多媒体传播形式，具有直观性、通俗性、大众化的特点，对受众具有天然的亲和力、吸引力和感染力。从一开始，人们就对网络传播情有独钟，爱不释手，进而趋之若鹜，甚至不惜放弃传统的新闻信息接收方式。

传统新闻媒体经过改造升级，极大地丰富了新闻传播形式，提高了可读性、可看性。报刊网络化，一改以往只用文字传播新闻的单一方式，各大报社主办的网站，不仅保留了传统报纸形式和内容，而且增加了彩色图片、动画、音频、视频系统，并设置了与读者实现双向互动的空间。广播电台网络化，打破了过去只能听声音的单一传播形式，增加了文字新闻、视频新闻等多媒体元素，极大地拓展了广播电台的新闻传播范围和生存空间。电视台上网，填充了电视节目没有文字的弱项，网上电视新闻传播的覆盖面大大增加，传播成本明显下降。

二、重视新兴媒体的新挑战

网络传媒的快速崛起，具有明显的两面性。一方面，网络传播提高了信息传播效益，推动了人类社会向前发展。另一方面，对我国的政治生活和安全形势产生了深刻影响，加大了社会管理的难度。

从总体来看，网络传播高度发达，对于各级党委、政府和领导干部来说，机遇和挑战并存。但从近几年全国发生的许多新闻事件来看，目前网络传播对于我们许多领导干部来说，挑战大于机遇，挑战是主要的。如何正确认识挑战，应对挑战，值得认真研究。

（一）网络传播对政治生活产生了深刻影响

网络传播的最大益处是，为民意、民声提供了一个有效的表达路径，使党和政府多了一双耳目；为民情、民怨打开了一个通畅的宣泄渠道，避免了出现溃坝效应；为民众实施参政议政、舆论监督提供了一条重要途径，使我们党又多了一面明察秋毫的镜鉴。

与传统媒体相比，网络传播具有即时性、互动性、广域性和隐匿性等特点，十分复杂，很难管理，很难控制。其传播主体成分复杂、人数众多、意识形态多元、传播速度快、影响大，网络舆论已经成为不可忽视的政治力量。网络传播的出现，打破了我国以往政治生活领域的平静，对传统政治生活中的方方面面产生了深刻的影响。

网络传播分割了公共话语权。过去，任何公民想公开发表言论，都必须经过国家控制的报刊、广播和电视等主流媒体，由主流媒体对公民的言论实施筛选、控制。网络传播的出现，突破了这种限制，任何组织和个人随时可以用低廉的成本，向社会各界自由自在地发表任何言论、传播任何观点。同时，也可以自由地选择任何观点，接收任何信息。政府原来掌控的话语权被明显分割，社会公众的话语权有效增大，在一定程度上，影响了政府的权威。

网络传播增强了公众的社会动员能力。过去，只有政治组织、经济组织才能实施社会动员，而且需要耗费大量人力、物力和财力。网络传播的广泛性、隐匿性，为社会动员提供了新形式。动员主体利用网络传播的互动性、广泛性，能轻而易举地在网络空间凝聚有关客体，就某一问题达成共识，迅速形成目标相同、步调一致的统一力量。

网络传播容易诱发社会群体事件。如前所述，网络传播对于负面事件的社会影响具有独特的汇聚效应、放大效应和扩展效应。网络传播的双向、多向互动性，容易使受众的情绪受到相互感染，推动负面事件不断升级。网络传播特有的隐匿性，又为一些敌对势力肆意煽动、激化矛盾提供了理想的空间。在特别事件发生后的非常时期，如果处置不当，网络传播很容易形成新闻事件，进而诱发社会群体事件，影响社会稳定。

(二) 网络传播加大了社会管理的难度

目前，我国网民人数世界第一。随着我国民主进程的加快，民众对于知情权、话语权、参与权、表达权的诉求空前高涨，网民参与社会事务、社会管理的热情不断提高，互联网已成为民意、民声诉求表达最重要的平台，网络舆论的影响越来越大。同时，政府部门对网上言论管理和控制的难度不断增大，疏导网上情绪的任务更为繁重，引导网上舆论的工作更加艰巨。

网络媒体过于跟风、盲从。不少网络媒体采编力量不足，原创新闻作品占比不高，新闻信息多为相互转发。采编队伍多为年轻少壮组合，他们热情奔放、经验不足，朝气蓬勃、沉稳不够，血气方刚、易于激动，激情所至、轻信人言。受利益驱动，他们惯于追求轰动效应而置真实性于不顾。某一网站登出某一"爆炸性新闻"，瞬间就有数百家网站跟风转载之事，比比皆是，十分常见。浏览网页，即使是人民网的"强国论坛"等高端空间，也不乏激烈的言辞、偏激的观点、异端的言论以及非理性的个人情绪。

网上舆论令人担忧。有些意见领袖，缺乏社会责任感，大局意识欠缺，观念另类，观点偏激。在这些意见领袖的引领下，网上舆情出现了四种值得重视的苗头。一是网上言论自由化倾向日益明显。如攻击医疗体制改革、妄评教育体制改革等。二是网络言论由学术性向政治性转变、由启蒙性向行动性演变。三是网络虚拟的西方"自由、民主"理念，有向现实社会生活移植，并有走向街头的苗头。比如，个别人在网上传播教唆民众与政府进行暴力对抗、非暴力对抗等。

有效管理网上舆论难度很大。网络舆论，浩如烟海。善意的舆论监督与恶意的攻讦诋毁、合法观点与非法言论，常常难以分辨。对于一些社会问题和突发事件，专家学者、意见领袖、干部群众、普通网友、反华势力、境外敌人等群体的观点交织混杂，难以区分，无法定性。网络管理部门协调不够，管理力量严重不足，难以形成足够的合力，盲区和死角难以消除。

（三）网络传播对国家安全构成了一定威胁

随着网络传播大众化，西方敌对势力充分利用互联网，加紧对我国的西化、分化，不断在政治、经济、军事、民族、宗教等方面，对我国实施全方位打压。这些活动，加剧了我国国内矛盾，危及了我国社会和谐稳定，损害了我国的国际形象，恶化了我国的外交环境。

网络为谣言提供了传播平台。境外各种敌对势力，以网站为据点，组织策划反华宣传，对我国进行恶意攻击，诬蔑社会主义制度、诽谤共产党的领导、诋毁人民民主专政。鼓吹倡导中国采取"三权分立""多党竞争"的政治体制，并利用互联网，与国内个别群体遥相呼应，攻击我国民族宗教和司法制度，指责我国新闻出版制度，妄图迫使我国开放"报禁""网禁""党禁"，最终达到推翻共产党的领导和瓦解社会主义制度的目的。

网络为分裂活动提供了平台。西方敌对势力利用网络传播，散布虚假信息，挑拨我国民族关系，激化我国民族矛盾。它们经常在民主、人权、西藏问题、新疆问题等方面无中生有，制造网络舆论事件，对我国进行无理指责和无端打压。西方一些网站经常通过剪贴照片、恶意篡改、移花接木、张冠李戴等手法对我国的民族、宗教事件进行歪曲性报道。不时利用网络传播，煽动国内民众聚集闹事，严重威胁了我国的民族团结。

网络传播成为散布"中国网络威胁论"的重要平台。西方敌对势力利用网络传播，经常采用接力式炒作、集中式报道，大力制造"中国黑客威胁全世界网络安全"的国际舆论，大肆鼓吹"中国网络威胁论"，竭力遏制我国和平崛起。

三、树立新兴媒体的新理念

新兴媒体的异军突起，突破了新闻传播的许多经典理论，更新了新闻传播的许多经典观点，引发了新闻传播领域的变革，客观上极大地推动了新闻传播事业的发展。同时，它不仅激活了许多潜在的问题，而且产生了许多以前不曾有过的新情况、新问题。网络传播是新兴媒体实现传播的主要形式，努力认识和把握网络传播出现的新规律，是各级党委、政府正确面对媒体、有效引导舆论的基础和关键。

各类宣传部门和媒体从业人员要树立新媒体理念。让新媒体在去中心化的趋势下努力成为新的中心，在去中介化的生态中重构关系链。

（一）面对变局，以变应变

从平台演进的格局（见图4-1）看，新媒体的运营同样需要找准用户。用户在哪里，机构就要去哪里。这和传统媒体以自我为中心、高高在上的理念截然相反。这就如同信息高速公路修好后，我们要去思考：路上跑什么车？车里装什么货？这些货物是否能够满足用户不断增长的美好生活需要？研究表明，大数据时代93%以上的人类行为是可以被识别、被预知的。因此，机构必须细分受众需求，并为之匹配相应的服务。

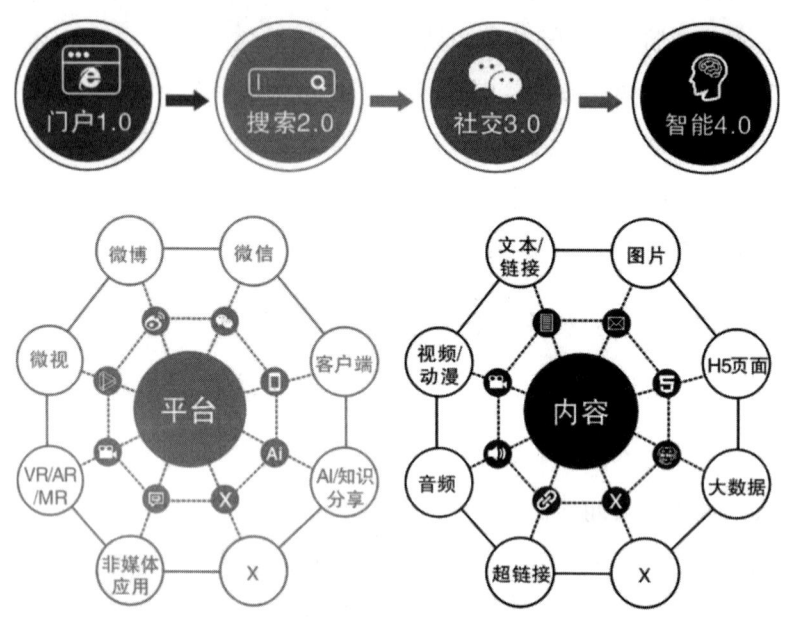

图4-1　平台演进的格局

从运营实践的大局看，新媒体需要人格化。新媒体不同程度地存在着技术、人才、机制、内容四个短板，也容易步入新瓶装旧酒、王婆卖傻瓜、内宣外部化等误区。从传播的五要素来看，它更是存在着一些亟待突破的瓶颈（见图4-2）。

那么，出路在哪里？只有将运营机制创新传播还原到人，开展人格化传播才有出路。

图 4-2 从传播五要素看新媒体的瓶颈

从网络舆论的变局看,新媒体运营需要社群化。

互联网 70%~80% 的内容来自网民。当前互联网内容生产的主体已经从 UGC(用户生成内容)转变为 PGC(专业生成内容)和 OGC(职业生成内容)(见图 4-3),用户社群化、消费场景化、意见领袖和网红成为影响舆论的重要力量。机构要想赢得主动,必须在网上走群众路线,主动设置议题,用"众创"和粉丝一起玩转 UGC,用"众包"和专家媒体做活 PGC,用"外包"和专业团队合作连接 OGC。

(二)重构关系,成为中心

新媒体时代,传统的组织被解构了,政府如何在没有中心的移

图 4-3　UGC、PGC、OGC 的关系

动互联网上成为新的中心？

新媒体时代，政府本身成为媒体了，如何在去中介化的舆论生态中重构关系链？

解铃还须系铃人。移动互联网及新媒体平台本身就是解决问题的最好途径，让政务号"变道超车"成为可能。因此，我们要做到：新媒体=内容媒体+服务媒体+关系媒体。

新媒体是内容、服务、关系三者之间的能量集合。内容吸引用户，服务带来流量，关系产生互动。新媒体是机构形象公关、在线服务的最佳载体。它可以较好地完成两大使命：传播和服务——接地气的传播和可持续的服务。

打铁还需自身硬。改变别人先要改变自己，影响别人就要让自己有影响力。解决去中心化、去中介化的问题，核心是重建机构的关系链（见图 4-4），并在此基础上重构服务链和传播链，成为新的中心和新的信源，让信息和服务在关系链中有效流动。

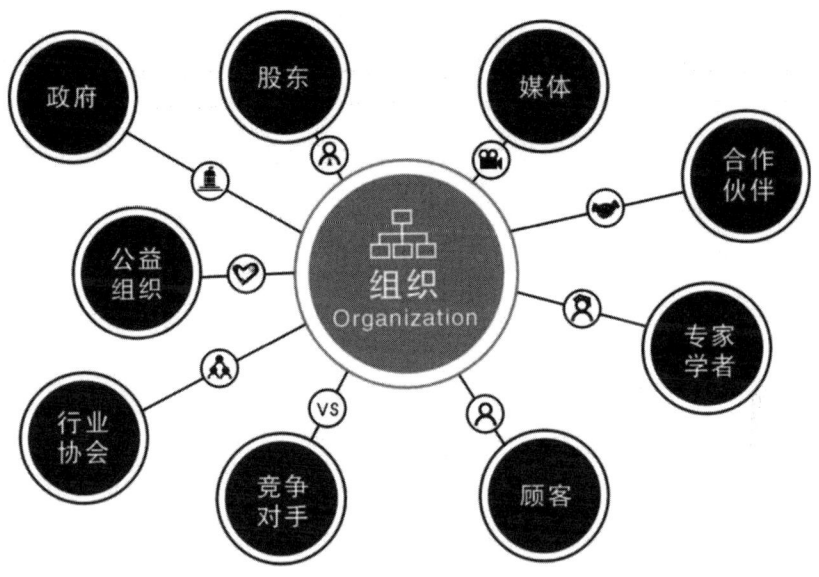

图 4-4 机构关系链

第二节 微博传播

一、微博及其特征

微博，是微型博客（MisroBlog）的简称，即一句话博客，是一种通过关注机制分享简短实时信息的广播式的社交网络平台。

微博与博客、论坛、MSN、QQ等即时通信工具相比，其创新之处在于将点对点的交流以异步方式展现，并以便捷的发表、自主的关注和获取等方式，建构起一个融合自我与社会的自媒体网络。

与较为私密的微信相比,微博属于公开的意见表达平台,有利于全社会特别是政府及时了解民众的利益诉求,释放社会的压力。

社会转型期也是矛盾凸显期,民众的各种"吐槽"如果不能在微博这种公开的意见平台上表达出来,下沉到私密的微信朋友圈,反而失去了网络舆论的预警功能,对社会的和谐稳定更为不利。从这个角度看,政务微博的民意沟通价值巨大。

微博具有自净功能,谣言在微博走不远;在微信相对封闭的圈子里,谣言得以肆无忌惮地传播,政府很难予以澄清和消除。

微信属于一个大众化交流平台,是一个相对封闭的传播途径,它只在一个特定的"朋友圈"传播,而微博的传播面广,还有搜索关注功能,这些年来微博一直保持着较好的发展态势,广受民众青睐。

微博成为理想的自媒体,这与其独特的传播特征密不可分。

(一)传播主体:平民化、个性化

作为自媒体的微博,其"微结构"为个人提供了功能强大的独立平台,空前释放了个人在线活动的空间和自由,从根本上打破了个人参与社会传播的传统格局。同时,微博消除了传播者和受众的界限,激发了平民大众的创作和发表欲望。与其他依存于网络的新媒体相比,微博的使用者摆脱了议程设置的圭臬,拥有了更大的话语空间与自主权。他们可以自由构建个人的社交网络和社区,表达自己想要表达的观点,选择自己感兴趣的关注对象,获得自己感兴趣的信息,并可以完全按照自己的意愿编辑微博内容。

(二)传播方式:交互化、立体化

在微博上分享信息、进行社会交往、表达个人感受,往往都能够得到其他微博网友迅速、及时的反馈。在独特的交互传播方式的基础上，微博能够轻松实现人际传播，兼容群体传播、组织传播和大众传播。因此，微博也就能够在这些传播方式所使用的媒体上实现传播，或者容纳多种媒体的传播功能，成为名副其实的多媒体。

（三）传播内容：碎片化、去中心化

由于传播容量的限制，微博的内容和信息量也受到了限定，因而呈现出"碎片化"的特点。这种信息传播特点，限制了某些复杂和有深度要求的内容传播，但这也恰恰显示了微博的独特性和分众传播的优势，它一方面契合了现代社会信息化、快节奏的生活方式，大大节约了现代人的时间成本；另一方面又影响了现代人关注信息的方式和习惯，甚至引领着整个社会生活方式和人际交往模式的潮流。与传统的大众传媒严肃、权威的面孔不同，微博因去中心化的特点而颇具亲和力。微博提供了一个平等的交流平台，它打破权威，鼓励创新，张扬个性。这在一定程度上填补了大众传媒的传播空隙，降低了新闻传播的成本和门槛，使精英阶层的话语权下移，彰显了草根性与平民化的传播个性。

二、政务微博

众声喧哗中，如何让党和政府的声音最响亮？党政机关开始创办政务微博，通过丰富的实践与摸索，我们发现，发生突发事件后，微博在信息传播、形成舆论方面的作用都是不可替代的。建设政务微博等自媒体平台已经成为许多政府部门的首选，政务微博在了解社情民意、与公众直接沟通、建立良好的公共关系、引导突发事件舆论等方面都具有不可替代的作用。

2013年10月15日，《国务院办公厅关于进一步加强政府信息公开回应社会关切提升政府公信力的意见》发布，"政务微博"被正式确立为继政府新闻发布会及新闻发言人制度、政府网站之后的第三大官方权威信息发布平台。政务微博是政府部门了解民意的一个重要渠道，承担着社会舆论的"晴雨表"、公共传播的"扩音器"、社会情绪的"减压阀"等重要职能。政务微博的新闻发布成为传统新闻发布活动的重要补充。

政务微博助推政务公开和新闻发布的日常化、前置化、服务化、常态化的做法，有力地证明在新媒体传播环境下，党和政府能够做到更快、更好、更准确地通过满足人民群众的知情权、参与权、表达权和监督权，以适应未来全新的媒介生态格局。

微博开启了政府信息公开和新闻发布的新纪元、新时代，"互联网+"思维正在深刻影响并改变着社会各行各业。建设政务微博要有健全的新闻发布制度和信息公开制度，要有互联网时代新闻发布平台，要有训练有素、经验丰富的专业人员，要有专业团队，要全面统筹、专业运作，要形成全员共识。做好新闻发布工作要统筹资源、上下联动，快速反应。既要防患于未然，更要形成"预案—培训—演练—实战"的长效机制。

面对突发舆论事件，政府要利用政务微博持续爆料、连续对话，通过提供信息来引导舆论、控制局面，通过服务媒体来获得媒体配合；通过持续爆料、连续对话让事实变成共识，全过程需要有更多的持久力、足够的耐心、宽宏的气量与必胜的信念。千万不能因"缺位"为造谣者的"越位"提供舞台，不能让权威信息的"失声"为小道消息的"发声"提供空间。善于运用新媒体，促使政府转变角色，积极改善政府行政作风，在矛盾的萌芽状态即协调诸方利益关系、平衡社会关系，并以及时有效的信息公开和新闻发布牢牢把握话语权，赢得民众的拥戴。

政务微博是新时期党委政府与人民群众的"连心桥"，是人民群众直接与政府进行对话、给政府提意见的"窗口"。在微博上能够看到他们最朴素真切的心愿表达和最广泛的民意监督，这能够直接检验党委政府服务群众决策的有效性，帮助政府部门不断去发现公共服务和社会治理过程中顾及不到的细节和疏漏。

政务微博必须对网民动真心、对自己要动真格，服务要务实、办事要扎实，政务微博必须老老实实地扑下身子去沟通社会，去协调社会关系，去化解社会矛盾，不能敷衍了事，不能装腔作势玩虚的。唯实、求实、务实是运用政务微博的基本原则，各级政府部门只要在微博上摆正自己的态度和立场，民众就会尊重事实，了解实情，一切沟通都会变得简单、有序而高效。

新媒体对领导干部的工作思想和工作方法提出了新要求。微博等新媒体平台，可以让人们第一时间了解国际大事、国家大政，开阔视野、活跃思维，能够迅速把世界发展大势、国家宏观政策与本地实际更好地结合起来，有利于及时做决策、谋发展。同时，微博等平台已经深入到千家万户，是人民群众表达诉求和观点的重要平台。

政务微博是一项实践性工作、群众性工作、基层性工作，有利于政府部门更好地掌握和了解群众的所思、所想、所盼、所忧；有利于政府部门转变工作作风，提高工作效率；有利于拉近党政机关与人民群众的距离。

实际工作中，有些人对新媒体的认识还存在一些误区。特别是近几年网络反映的一些问题比较尖锐、直接，曝光不作为、乱作为、侵害老百姓利益的问题，让一些人、一些部门有畏惧心理。敬畏民意是对的,只要我们一切从人民群众利益出发,清白做人、干净做事,新媒体就是我们的好助手、好帮手。

网络环境是复杂的,社会上的热点问题比较多,群众更是高度关注,对于这些问题,不应回避,应直接面对,要向群众"说真话、交实底",不能等到社会上反映强烈了才去应对、去公开。政府工作人员在工作中要时刻把群众的利益放在首位,着力解决好群众最关心、最直接、最现实的利益问题,要做细、做实,要上网交心、下网服务,网上问题网下解决,建立常态的互动协商机制,不留死角和空白,不能绕着问题打"擦边球"。

网络是私人空间,更是公共领域。不纵容网络上的恶意攻击,是为了更好地保护网络。对网络上攻击、歪曲、诋毁党和政府形象,损坏群众利益的言论要坚决依法打击,保护网络不被造谣、诽谤、欺诈、攻击之类的丑行所污名化和妖魔化,保护公民的网络权益不受侵犯,真正使网络成为理性表达、虚拟但不虚幻的平台,成为人们沟通交流、虚拟但不虚伪的平台,成为干事创业、虚拟但不虚假的平台。

认识规律、把握规律、遵循规律和运用规律,是政务微博求真务实发展的基本原则。

"媒体"从诞生之初就决定了其将几乎终生被政治领养。新兴媒体、传播技术弥补了"信息传递的最后一公里",拉近了各级党委政府与人民群众之间的距离。在新媒体传播环境下,它们是党委政府发挥开放式"非权威领导力"来感召民心、凝聚民心,以达到被拥戴、被追随的有效路径;是党委政府坦率真诚地尊重民意、顺应民意、调动民意,借力于社会参与的智慧和力量,使之契合自己现实执政的方法论。

微博让社会民众实现了与政府的零距离对话,"屏对屏""面对面",也使民意直达上听。微博已经发展为一种媒体,更能直接体现媒介信息传递的基本特质。如果政务微博"不干政事",变成了一种摆设,广大网民就会把视线转移到微信朋友圈。

新兴媒体技术带来的社会变革深刻而巨大,并且日新月异,受益于新媒体的一代人有智慧为梦想的拉近做出更大的努力和贡献。

微博作为中国最具影响力的社会化媒体平台,月度活跃用户持续保持高速增长,超过13万的政务微博账号连接起每月2亿的微博活跃用户,政务服务可拓展出无限空间。

政务微博只要坚持创新服务的互联网精神,以持续开放的态度,与全国各地的各级党委政府一起,定能构建更加健康、完善、高效的政务服务生态。

现实中的社会与民生,是网络舆情的依据和镜像。各级党委政府的权威发布,是检验新闻真实性、政策有效性、民意吻合性的开始。加强网络舆论引导、创新社会治理,仍然需要在理念上和服务上下功夫,权威发布与回应关切、舆论引导和真诚服务这两个方面都很重要,而且后者仍然是前者的基础,必须同步重视、同等重视,不能偏颇。

政务微博应践行开放、平等、协作、分享的"互联网精神",通过互联网平台来沟通社会、体察民情、走访民意、了解民忧,问需于民、问计于民、问政于民、问效于民,从而帮助政府实现科学决策、民主决策。

微博,是以碎片化发布、裂变式"秒传播"以及民意聚合式交互而著称的社会化媒体,它从诞生之日起,就与中国的社会、政治、经济、文化等宏大叙事议题紧密地捆绑在一起,其摧枯拉朽式的传播力、人人皆可参与且可自主表达的媒介机制，将一个又一个现实民生问题背后的社会矛盾暴晒于微博，民意"围观"的狂潮倒逼政府从"红墙大院"的后台走上开放式、社会化传播的微博。互联网是开放的，微博是公开的，你来或者不来，民意就在那儿。"积极利用，科学发展，依法管理，确保安全"，因此要充分发挥微博服务社会的积极作用。政务微博的诞生本身就是一个新鲜事物，它要求政府部门要懂传播、懂新闻，具备"边干边说"的媒介化思维。

政务微博可以真实传达政府声音、倾听民意、了解民情、发现和应对舆情，微博履行行政职能，为人民服务，可以更好地塑造政府形象。

当微博已经成为中国最流行的舆论场时，党和政府的声音不仅不能缺席，还应该以主流舆论的姿态，更加积极主动地参与其中。思想舆论阵地，你不去占领，别人就会占领。如果党和政府部门不能大规模走上微博，就等于主动放弃互联网虚拟社会的话语权、主动放弃微博这个最流行的舆论场。放弃了这块宣传舆论阵地，对于表达党和政府主流声音、传播社会主义核心价值观、弘扬社会正气，都将会造成不利影响。某种程度上，微博已经成为当下中国网络的舆论中心，成为公民监督政府和维护自身权益的重要阵地。

微博作为互联网的一种新应用，是信息传播的重要媒介和平台。各级党政机关也应积极适应时代发展的形势和要求，主动接触新舆论场，主动占领新舆论阵地，充分利用好微博传播快、影响大、社会动员能力强等特性，坚持贴近实际、贴近生活、贴近群众，推动党政机关和领导干部积极运用政务微博，通过微博普及科学理论、传播先进文化、弘扬社会正气、倡导良好风尚，推动网络文化繁荣和网络文明发展，创新联系群众、服务群众的渠道和手段，更多发布广大网民喜闻乐见的新内容，更多展现积极健康向上的新风尚，更多反映维护人民群众根本利益的新举措，进一步提高舆论引导能力。

政务微博有以下几大优势：

第一，公权力身份造就"权威优势"。

第二，接报舆情警情具备"第一时间优势"。

第三，能够直接介入事件中心形成"现场优势"。

第四，掌握第一手调查资料带来"准确优势"。

三、政务微博的发展

2009年11月2日，湖南省桃源县人民政府开通微博"@桃源政府网站"；2009年11月21日，云南省人民政府开通微博"@微博云南"。2011年被称为政务微博元年，各类政务机构和官员微博增长迅速。

2021年1月，人民网舆情数据中心发布《2020年政务微博影响力报告》，报告由人民网舆情数据中心制作，微博提供数据支持，评价对象包括全国所有通过微博认证机构的官方微博，评价体系包括四个维度：传播力、服务力、互动力和认同度。报告显示，截至2020年12月31日，经过微博平台认证的政务微博已达到177,437个，其中政务机构官方微博140,837个，公务人员微博36,600个。

微博问政已成为网民参与社会治理的新途径。

四、如何开通政务微博

(一) 注册

按提示进行，拟定适当的微博昵称。

（二）认证

按提示提供认证材料，可以请新浪地方站帮助通过认证。

（三）装修

设置适当的域名、Logo、头像、自我简介等。如"上海发布"的首页以绿色为主色调，头像是上海建筑的缩影加上"上海发布"4个字，简介是"飞驰中构建城市蓝图；奔跑中传递城市变迁；信步时欣赏城市美景；闲坐时叙说城市故事。这里是上海市人民政府新闻办官方微博，欢迎围观，共话上海"。首页有上海美景图片和官方的宣传片，域名为 weibo.som/zkangkaisity。从整体来看，"上海发布"给人一种现代化、年轻化、生活化的印象，很有吸引力。

（四）关注谁

可以关注相关政务微博、本地媒体微博、本地意见领袖等。

（五）管理团队建设

至少有一个专职编辑，最好组建团队。

一条微博信息的发布，其背后有一个活生生的人。而这个人就是微博发布者，微博发布者在发布政务机构微博时，不仅仅是个体，也是政府机构的代言人。很多政府机构开设了政务微博账号，却缺乏专职的微博管理人员。微博发布者往往身兼多职，仅能在空闲时对微博内容进行更新，这在很大程度上影响了发布微博的质量和数量。

团队的智慧大于个人的智慧。一些需要24小时保持在线的、服务性强的政务微博，如公安、城管，更需要建立团队负责微博运营。

(六）信息安全规范

1. 账号管理

建立健全官方微博账号管理制度。一般只允许1~2人管理账号密码；管理人员离职、调任、辞职时及时更改密码；不使用自动登录，不使用账号时及时退出登录。

2. 专业培训

邀请新浪专业人士对账号管理员进行培训，提升微博应用和安全管理技能。

3. 信息审核

建立微博信息发布审批制度，一旦发现未经审核的信息上传，立即检查账号安全。

4. 考核机制

建立政务微博管理员考核评比机制。定期对政务微博信息安全情况进行检查，并对管理团队工作进行考评和相应奖惩。

5. 取缔冒名账号

发现疑似党政机关或公职人员的冒名账号，应立即联系新浪微博，确认为虚假冒名账号后，及时予以强制注销。

五、政务微博的类型

（一）按级别划分

按照行政级别，政务微博大致可以分为国家级、省部级、厅局级、县处级、县处级以下几个级别。

（二）按功能划分

1. 发布信息类

微博诞生之前，党政部门主要通过公报、新闻发布会等形式在报刊、广播、网站、电视等媒体发布信息。微博的出现，改变了党政部门信息发布的方式，为沟通民意提供了一种全新的渠道。

2. 问政类

微博出现前，党政部门受理投诉的方式和手续较为烦琐，且效率较低。微博的出现拓宽了投诉渠道。通过政务机构微博，民众可以随时提出对于政府部门的建议和意见，党政部门也能够及时了解工作中出现的问题并以最快的速度解决。以@昆明12345市长热线和@昆明市长为例，@昆明市长现已形成每周统一发布近期在微博中接到的投诉和问题的处理进程与结果，@昆明12345市长热线还与@昆明市长形成联动，两个平台同时对民众问题进行解答。

3. 行政、服务类

开通微博是为了更好地为民服务，如@郑州城管，线上接受群众举报，线下解决问题。微博成为履行行政职能的有力工具。

以上三种功能并非截然分割，它们往往在同一个政务微博中都得到体现，不同的只是以哪个方面为主的问题。

六、政务微博的发展趋势

（一）"信息发布+政务服务"成为政务微博的发展趋势

随着政务微博运营成熟，通过政务平台对突发热点事件的回应反馈以及为老百姓解决实事，成为基层政务微博运营水平的重要考量标准。已有部分基层职能"窗口"行业在通过微博大胆创新服务模式,实现服务职能的升级。@深圳交警在微博提供违章行为举报、违章查询、事故处理、车管所导航和违法处理预约等服务,@北京地铁提供首末车时间、地铁线路图、地铁乘车路线以及地铁车站站点等查询,并多次私信推送故障信息,方便公众出行。

(二)政务微博与媒体微博、名人微博的"多微联动",也成为移动政务的重要趋势

在首个南京大屠杀死难者国家公祭仪式期间,南京本地政务微博、媒体微博在国家公祭日当天将微博头像改为灰色,并对"国家公祭日"话题格外关注,提升了议程设置能力。@广东发布则组织"粤来粤好"网友行走访东莞,通过网络名人的传播活动积极塑造东莞城市形象。

(三)政务微博考评机制不断成熟

新浪微博与《人民日报》合作推出的"政务指数排行榜",不再单纯把粉丝数、发博数之类作为考评依据,而更看重政务微博的服务力等。

七、政务微博初级运营

(一)发什么

政务属性决定了政务微博以发布政务信息为主。心灵鸡汤式的内容只能是点心和锦上添花,而不是主食和全部家当。要把"粉丝"和"热度"作为提升政务信息传播的动力,而不是把它们看成是政务微博发展的"毒品"。

（二）信息来源

政务微博的内容可以源自八方，微博平台、网站、社交网络、论坛以及传统媒体，都应该成为获取信源的渠道，但这些信息必须由权威部门核实以保证不触及"真实"这一底线。

政务微博不能做"隐身人""和事佬"。前者怀持"与我何干"的心态，对世事不闻不问，不管社会或政务工作发生什么大事，一概不介入、不涉及、不评论。后者对所有的事件冲突，表现出来的态度一概是你好我好大家好，没有对错之分，没有是非概念。观点精当、有力、平衡，是政务微博的应有态度。

（三）不发什么

匿名消息、小道消息，都不能出现在政务微博上，避免引起不必要的麻烦或者争执。

政务微博发布虚假信息将严重损害政府公信力。

政务微博要谨慎参与娱乐信息的传播，更不宜追星。2015年1月12日，陕西省勉县人民法院官微"陕西省勉县法院"的一条微博显示："我投给了'我是歌手陈洁仪心如刀割'这个选项。"引起舆论围观。

微博可以讲述道理，但不是讨论道理的地方。碎片化、即时性、小容量的表述特点，限制了你来我往、拨云见日的效果。不要轻易与异见者争论，没有结果的争论不仅容易激怒对方，更容易使自己失态，从而造成更糟的结果。讲述而不争论，淡定而不冲动。

（四）原创与转发

政务微博应以原创为主，适当转发关联性微博。原创内容是政务微博的核心和精髓。转发微博应是原创内容的点缀，不应占据过大比例。即使转发，也应添加 1~2 句评论作为理由，不宜"裸转"。

在政务微博排行榜上名列前茅的，大多数都具备比较高的原创率。因为原创率也是考核政务微博绩效的一个重要指标。

（五）怎么发

1. 语言活泼

用创意包装产品。作为一名"产品经理"，博主应学会用创意包装自己的产品，做别人没想到的，这需要他对传统和惯性思维有"叛逆精神"，需要他对生活有人性化的体验，需要他能拿出有准备的策划方案，需要他能运用更有感染力的表现形式。

2. 图文并茂

微博上抢眼球是必须的，起码在表达上必须这样。"有图有真相，一图胜万语"，信息的视觉化表达，会加强受众的体验。微博配图一般按以下程序进行：寻找关键词→拟文案→制图→加入活泼语言。

一张配图不光是微博的形式包装，有时候甚至传达了比文字更丰富的信息。唠叨一大段话，不如一张富有视觉冲击力的图、一张轻松搞笑的漫画或一张感人至深的照片。要通过内容贴近、形式活泼的配图，让粉丝在哭笑间接受微博所要表达的观点。要打造富有艺术气息的政务信息，通过跌宕起伏的故事让人们津津乐道，传播其背后的价值观。

3. 长微博应用

长微博是解决微博 140 字限制的有用工具。博主要能熟练运用长微博，用以丰富微博要传达的信息。

（六）栏目设置和话题运营

1. 栏目设置

其一，根据政务微博所涉领域、机构的工作性质和工作内容确定栏目规划与定位。

其二，根据网民的兴趣和喜闻乐见的方式确定栏目内容及呈现方式。

2. 话题运营

话题通过双#号突出文字链接聚合页，形成深度阅读，吸引网友关注和讨论。

2015年2月17日，@公安部打四黑除四害联合全国公安微博，开展#我在岗位上#主题活动，自2月17日（腊月廿九）启动，至2月24日（正月初六）结束。各地公安微博以图片、文字和视频真实生动展示春节期间基层一线民警坚守岗位执勤、打击犯罪、服务群众的鲜活故事。截至2月28日17时，@公安部打四黑除四害主持的微博话题#我在岗位上#阅读量达1.7亿次，讨论数7.2万余条。

（七）发布时间和频次

1. 发布时间

重要信息最好选择上网高峰时间段发布。

2. 发布频次

不同的政务微博，根据自身定位和当天信息情况，掌握适当的发布频次。一般而言，每条微博发布的间隔时间不要少于10分钟，以免"刷屏"引起粉丝反感。但更新频率也不可过低，否则会有"不作为"嫌疑。

有突发事件发生时，如果需要连续发布信息，不受频次限制。

（八）慎用皮皮时光机

皮皮时光机可以用来定时发布一些早安晚安帖，但其内容库中有大量娱乐类信息甚至黄色段子，政务微博不宜盲目使用。我国已经发生过多起政务微博因为使用皮皮时光机出丑的例子。

（九）借力传播

1. 矩阵传播

借助政务微博矩阵，各成员相互支持，相互转发，扩大影响。

2. 借助媒体

媒体微博因为是专业人员运营，往往绩效显著，影响大。借助本地媒体微博，政务微博的内容能更广泛地传播开来。

3. 意见领袖

本地意见领袖是宝贵资源，要团结意见领袖，利用大V的力量，传播"政"能量。

（十）借助微博产品事半功倍

1. 微官网

微官网是为适应高速发展的移动互联网市场环境而诞生的一种基于Web App和传统PC版网站相融合的新型网站。微官网可兼容iOS、Android、WP等多种智能手机操作系统，可便捷地与微信、微博等网络互动咨询平台链接，它就是适应移动客户端浏览体验与交互性能要求的新一代网站。微官网不仅让政务微博矩阵集中展现，而且成为事实上的一个专题页面，政务微博可以在这里快速发布重要信息。

2. 粉丝头条

粉丝头条能够把重点推送的内容固定在粉丝首页的第一条。2018年5月，深圳遭遇2008年以来最大暴雨，深圳民生部门第一时间发布微博预警，同时利用"粉丝头条"加强传播效果，确保微博发布后24小时内在粉丝登录微博后的头条位置触达。经推送，@深圳微博发布厅24小时阅读量增长28倍，单条微博阅读数高达43万次，获得了良好的传播效果。

3. 粉丝通

"微博粉丝通"是基于新浪微博海量的用户，把信息广泛传送给粉丝和潜在粉丝的营销产品，它会根据用户属性和社交关系将信息精准地投放给目标人群，同时也具有普通微博的全部功能，如转发、评论、收藏、赞等。它是微博营销的实用工具。粉丝通可以把微博内容发送到指定类别的微博用户。

4. 粉丝服务平台

粉丝服务平台是由新浪微博推出的一项新功能，是微博认证用户为主动订阅它的粉丝，提供精彩内容和互动服务的平台。用私信群发的方式，可以把重要内容发给自己的订阅用户，保证信息不被粉丝遗漏阅读。

5. 快船

快船产品可以对热门信息进行分析和聚合，有利于信息更广泛传播。

此外，新浪还开发了公共信息区域推送功能，它通过对用户曾使用过的地理位置信息、IP地址等大数据的分析，在当地发生突发性事件时，可以第一时间将政府公告信息微博推送给当地的微博用户，准确率达到99%以上。新浪与中国地震台网中心合作发布的地震快讯实现了在10秒内向震中所在地的微博用户推送信息。只要用户手机网络畅通且微博处于登录状态就可以收到信息，无须关注相关账号，这充分体现了移动互联网时代创新产品的传播优势。

围绕微博平台，还有很多第三方提供了可定制的移动政务服务，比如新浪与专业视频直播机构共建的互联网庭审直播系统，将公开审理案件的庭审现场音视频信号传送至各级法院官方微博，实现网上庭审直播。

（十一）与网友互动

与网友互动时要善待网友，微博是互动平台，网友是服务对象，政府机关是公仆。

政务微博存在的价值在于满足粉丝需要，因此"客户"是粉丝。首先，博主要了解"客户"的喜好，明白"产品"是为网民需求服务的。其次，粉丝是"客户"，那博主就得用对待客人的态度对待粉丝。其平等友好的态度体现在沟通的语气和分寸上。

要宽容和善待网民的各种情绪，任何时候都不能忘记，管理员代表的不是个人而是单位，做有气度的政务微博才能赢得网民的认可。

政务微博的编辑必须是一个更加贴近粉丝、更在乎粉丝体验的有创意的"产品经理"，要建立关联人互动的机制。汇聚关注本微博和业务领域的重点粉丝，加强互动沟通，形成政务微博的关联账号，增强微博的影响力。

那么，与网友如何互动呢？

1. 公开互动

（1）微博里的互动。转发网友的微博，对网友提出的问题用转发的形式公开回复。

（2）微访谈。微访谈是一对多的公开互动。访谈围绕一个中心话题，集中为网友答疑解惑，可以起到比微博一对一互动更好的效果。

2. 私信互动

对于网友私信提交的问题，用私信予以回复；对于网友公开提出的问题，如果不便公开答复，也可以通过私信回复。

要把网上的交流转化为人与人的交流，一切忽略情感交流的互动都是没有生命力、没有支持率的一厢情愿。网民的@意愿是检验政务微博魅力指数的一条重要标准。

政务微博要具备以O2O为代表的综合服务能力，这就要求它具备更强的资源协调能力。现阶段政务微博提升综合服务能力可以说是顺天时、接地利、达人和。

党的十八大报告明确提出服务型政府应具备四大标准和四大目标，从中央到各省市均推出政府职能转变和机构改革的相关举措，旨在加快推进建设服务型政府。在各级政府的重视和推进下，"两微一端"已经成为政府机构重要的服务平台，政务微博正是其中的主力。

3. 与网友互动的禁忌

与网友互动切忌打官腔、说胡话和对骂。

微博作为一种现代交流工具，它的用户对官腔官调有天然排斥感。广东省公安厅微博值班民警"说话有街坊味"，得到了网民的赞扬。什么是"街坊味"？就是要和平时与邻居谈心、聊天一样，说个性化的、有人情味的话，人们才能听得进去。在网络环境中，"语态"的改变首先是一种贴近群众、增进亲切感、拉近距离感的尝试。

岳阳市民彭祥林是一名资深的环保志愿者。他向岳阳市政府门户网站官方微博反映垃圾场污染一事，没想到被对方形容为"绿茶婊"。紧接着，岳阳市政府门户网站官方微博发表"致歉"声明。该网站一名姓何的工程师接受电话采访时称，此事系他的工作失误："我认错。"

八、政务微博高级运营

近年来，各地政务部门信息发布从"线下"走到"网上"，纷纷开通官方微博。政务微博参与社会治理的能力不断提升。

（一）组织活动的作用

第一，组织活动是有效的自我营销方式。

第二，组织活动是为了服务群众。

第三，组织活动可以树立城市和政府形象。

重庆市委、市政府曾经邀请55位意见领袖一起"做一回重庆人"，活动4天发布原创微博1,180多条，受众覆盖1.7亿人次，吸引了400多家国内外媒体报道，仅@新浪重庆发出的一条达人招募微博的转发和评论互动量就超过2.3万次。通过此次活动，重庆有效地重塑了自身形象。

（二）如何组织活动

第一，明确活动目的、调动网友兴趣、配置推广资源。

第二，活动设置要符合营销目的；操作尽量简便，易参与。

第三，不同级别奖品的价值不要设置得太过悬殊，获取难度不要过高。

（三）配以相应的推广资源

策划活动不能自说自话，要挖掘和调动网民的兴趣、情绪，党政机构的活动才能吸引网民参与。线上活动要借势得力，充分运用微博热点事件、热点话题、热门标签，提高活动的关注度。线下活动要善于和新闻媒体、社会团体、版主达人联动，借用各方资源提高活动的参与度。

（四）政务微博的系统管理

政务微博的系统管理主要体现在，要建立规划，实施考核、创新的微博系统管理程序，并依托大数据平台建立科学、可量化的指标和评价体系。将本区域、全国范围内甚至是国际领域同类单位、同类业务的政务微博联动起来，形成业务工作联盟，加强日常业务交流与互动，共同策划设计主题活动，提升内容的专业化水平。

按照在实际工作中的架构搭建微博矩阵，形成统一的网络表达出口，变一家"独唱"为各部门共同发布的大家"合唱"，形成有效传播政府声音、提供咨询服务、倾听社情民意、回应社会关切的政务微博，搭建媒体信息快捷获取的新平台，开辟政府与百姓沟通对话的新窗口。

（五）如何构建政务微博矩阵

微博矩阵的构建方法可概括为"一个核心、团开账号、微官网聚合"。

它是指要有一个在本地或本行业中处于领导地位的账号担负矩阵核心角色；在核心角色的组织下，本地或本行业政府机关团体开通微博账号；用微官网之类的微博产品将矩阵成员进行聚合展示。

（六）政务微博矩阵运营

@问政银川是银川政务微博矩阵的核心。它将银川政务微博组织起来，并发挥网上转办、督办的核心角色作用。网友提交给@问政银川的问题，它会将其通过微博转发，艾特相关党委和政府部门的微博，要求它们答复或解决，处理结果要公开答复网友并反馈给@问政银川。这开创了政务微博发展的"银川模式"。

@思廉明志是厦门市思明区纪委的微博。它创新手段，借助微博等新媒体，建立起闭合式的网络投诉处理机制，涵盖了思明区各个街道办、社区。辖区内发生公车私用、公款吃喝或其他需要投诉的问题，如果网友拍下照片，发微博@思廉明志，思明区纪委工作人员就会在微博上与网友联系，了解具体举报信息，并调查落实，督促相关部门解决……在这里，@思廉明志扮演了思明区政务微博矩阵为民服务的督导者角色。

（七）政务微博矩阵考核

只有建立起严格、明确的考核制度，才能最大限度调动政务微博努力运营的积极性。新浪绩效考核工具能够清楚地统计矩阵成员的运营绩效，并根据绩效高低进行排行。

第三节 微信传播

微信（Wechat）是腾讯公司于2011年1月21日推出的一个为智能终端提供即时通信服务的免费应用程序，微信支持跨通信运营商、跨操作系统平台，它通过网络快速发送免费（需消耗少量网络流量）语音短信、视频、图片和文字，同时，它也提供通过共享流媒体内容的资料和基于位置的社交插件"摇一摇""漂流瓶""朋友圈""公众平台""语音记事本"等服务。

微信提供公众平台、朋友圈、消息推送等功能，用户可以通过"摇一摇""搜索号码""附近的人"，以扫二维码的方式添加好友和关注公众平台。用户可将微信内容分享给好友以及将看到的精彩内容分享到微信朋友圈。截至2018年2月，微信全球用户月活数首次突破10亿大关。2018年6月20日，微信订阅号正式改版上线。

微信传播是近几年兴起的一种传播方式，它给人们的生活提供了很多便利，也是目前较为普遍和直接的传播方式。微信的许多功能已与人们的生活密不可分，它也分担了现实生活中人们的一些烦琐复杂的事务，如微信入口的美团、滴滴打车，其火车票、飞机票、旅行服务等都对人们有很大的帮助，已经成为人们生活中不可缺少的部分。微信改变了人的生活，微信也创造着人们的美好生活。

一、微信公众号

在微信众多的功能中，微信公众平台具有一对多的大众传播功能。因此本章仅介绍微信公众平台的传播。

微信公众号是机构和个人在微信公众平台上申请的应用账号，该账号与QQ账号互通，通过公众号，机构和个人可在微信平台上实现和特定群体的文字、图片、语音、视频的全方位沟通、互动。

二、微信公众号的定位

（一）功能定位

微信公众号有不同的功能定位。比如政府部门利用微信公众号发布政务信息；企业做一个公众号来招揽顾客达到营销的目的；也有个人通过公众平台吸引粉丝，以赚取广告收入。这些都属于微信公众号的功能定位。

有业内人士总结了政务公众号的几个功能。

1. 宣传阵地

体现政府亲民形象和服务地位。如中央政法委官方账号"长安剑"以"长安君"形象示人，代表权威立场，它通过网络化的表达，解读政法工作、弘扬法治精神、维护国家利益。

2. 舆论引导

第一时间对突发事件进行舆论引导，使权威信源得到有效传播，避免产生谣言。

3. 互动平台

如出台"网约车"细则前，各"地方发布"及交管部门先通过政务号征集网民意见等。

4. 协同办公

政府部门可在平台上形成矩阵，可以整合系统内资源，做到话语权最大化。如"网信中国"矩阵——中央网信办可以联动全国多个省级网信办发声。

5. 紧急救援

如国家地震局、中国气象局等部门公众号链接一点资讯等平台，可以把地震灾情、天气预警等消息推送给相关地域用户，公安部打拐办公众号通过今日头条精准的用户画像和兴趣引擎推荐技术实现寻人等。

（二）人群定位

都说"物以类聚，人以群分"，任何公众号的运营都是针对目标人群来展开的，做好公众号就要做好人群定位，以明确的产品或服务为基础，找出可能的受众群体，并将公众号的推送内容改成对这类人群来说有用或有趣的内容。

（三）地域定位

通过地域进行定位的公众号其实是一个地方性的区域自媒体，如果公众号的服务或产品是专门针对一个地域的用户群体的话，那么做好地域定位会得到精准的用户画像，对于社区化、社群化非常有利。

三、微信公众号的管理

党政部门、企业及其他组织机构在享受着社交和人工智能分发红利的同时，也面临着公众号粉丝黏性低、用户增长慢、互动效果差等瓶颈。要解决这些问题，就要从管理变革说起，从思维、战略、组织、结构、行为等维度出发进行转型，按照"定位、聚焦、运营、创新"的方法论，开展人格化传播、智能化服务、社群化运营，形成机构自身的互联网基因。

微信公众号可以从以下几个方面着手管理。

第一，运营主体要从实体组织向虚拟组织转型。

第二，功能要从品牌传播向智能服务转型。

第三，运营平台要从单一账号向集群矩阵转型。

第四，传播模式要从新媒体互动传播向全媒体分众传播转型。

第五，表达要从机械化向人格化转型，塑造有用、有趣、有情、有颜值、有担当的机构自媒体品牌,不断提升用户心智份额,提升传播的有效性和服务的满意度。

四、微信公众号的发布技巧

(一)基本信息

政务类微信公众号以发布政务信息和便民信息为主。企业类微信公众号以发布企业产品和销售信息为主。

(二)发送时间

每个微信号的发送时间都不同,仁者见仁、智者见智,不过最好每天都是同一个时间点来发,同一时间发送,有利于培养关注者的阅读习惯,到时间了有图文就可以阅读。一般最佳发布时间为9时~10时、15时~17时、20时~22时。

周末的时候也要发重要内容,周末发布的内容恰恰会受到关注者重视,周末的新增关注人数超过平时。

(三)发布频率

微信每天都要推送,随着公众号竞争的加剧,能存活下来的只有少部分,大多是让关注者能感觉到它可以提供有用信息或者服务的公众号。如果产品或者服务特别好,无须每天发布,同样会有人关注你,当然这种只是为数不多的微信号。

关于具体发送几篇,建议4~5篇最佳,从时间上算,一篇文章5分钟,4篇文章就是20分钟,如果用户关注了10个公众号,那就需要3个小时才能读完,这就导致大家打开率很低。4~5篇文章正好覆盖手机的一个窗口界面,视觉效果最好。一些只做专业知识相关内容的微信公众号,一天发送1~2篇就足够了。

（四）内容为王

在新媒体时代，内容为王已经成为现实。

内容是媒体报道的血肉，没有内容，或者空洞的内容就像是一个僵硬的躯体，这个道理人人都懂，图文内容不需要全，报道的内容如果属于冷门，比较有特色，那就更容易存活下来。比如你微信讲笑话很厉害，但是改天出现一个发心灵鸡汤的就可能把你取代了。鸡汤不能发太多，太多也吸引不到你定位的粉丝，不是目标粉丝，他最终也会离开你。现在微信公众号的内容同质化很严重，今天你发，明天他发，有的只是改改标题就重新包装出现了。要多发一些与微信公众号相关的有特色的文章，才有利于吸引真正的粉丝。

对于政务公众号来说，发布优质内容要权威不要打官腔。权威指发布信息公正、准确、高屋建瓴；不打官腔，指不说空话、套话，不以势压人。

议程设置要紧扣热点，不回避问题、不排斥矛盾，保持引导舆论的自信。

中央政法委的"@长安剑"在引导舆论方面有很多成功的案例。这个政务号结合热点新闻，从"和颐酒店女子遇袭"到"疫苗之殇"，从"魏则西之死"到"南海仲裁案"，从"人大硕士'嫖娼'猝死"到"八达岭野生动物园老虎伤人"……其运营团队会做好预判和备文，当日热点当日出锅，不"炒冷饭"、不转载改编，以生命力最强的原创内容，从与众不同的角度发表自己的观点，成功收获了大量粉丝。

有网友评价，"@长安剑"舆情把握准确，政策思路阐释到位，契合了习近平总书记对宣传思想工作"理念创新、手段创新、基层工作创新"的要求。其文风清新脱俗又不乏独家猛料，有强烈的说服力和感染力，既符合新媒体时代传播规律，又适应政法实际工作特点。

对于企业或个人公众号来说，它发送推送的方式可以更灵活。不一定要每一次都推送文章，可以推广一些小的知识和技巧，以及笑话、旅游景点、自驾路线等，也是很好的方法，只要能帮助到潜在顾客和读者都可以。每一次都推送一条跟微博长短类似的内容，因为信息量小，不仅不会影响订阅客户的生活，还可以让客户学到新的知识，这样的公众号是很受欢迎的。

选择合适的图片很重要。可收集和积累一些相关领域的图片，发文字的时候匹配相应的图片，可让页面更丰富、更生动。同时注意细分版块，因为版块是供不同层次客户选择的，好让读者有挑选的余地。

微信公众号上有的推送是自己创作的，但是创作一段时间后发现没有什么可以写的了，避免不了要转载一些和自己微信定位类似的文章。转载一定要注明出处，一是尊重原作者，二是让粉丝觉得你可以信任，不是抄袭别人的文章。

五、微信公众号的推广与运营

第一，微信公众号运营要把目标群体当地的消费观念、地域文化等作为参照，否则你所有的内容和辛苦都白费。经营企业微信公众号应该为行业带去独立的见解，以推动行业发展为主导、服务顾客为导向。

第二，重视互动。微信不像微博可以吸引大量的人转发和评论，它只能通过与用户的沟通来取得他们的信任。用户多少不代表营销能力的强弱，它仅仅是一个数字，用户的互动价值和关注价值才是微信营销的核心。多制造能和读者沟通的话题、读者关心的话题会让整个公众号活跃起来。公众号没有活跃度就是一个死号，所以每天的内容编辑质量好是公众号活跃的核心价值，如果三天打鱼两天晒网就没有任何价值。明确每一次沟通、互动、推送的对象是谁，读者对这个人越了解，信任度就越高。

第三，做微信宣传或者营销，最好结合腾讯的其他产品一起使用，如与QQ和QQ空间一起使用，达到的效果会更好，因为未来的移动互联网传播将走向人脉关系链传播。

第四，做好精准的关键词回复功能，这样能指导读者了解你本人和你的企业，获得信任。

第五，微信运营的时候，经常会遇到很多的推广渠道。比如一些广告位，插入我们自己的公众号信息，这种方式可让我们在找到精准粉丝的同时，还能打造平台的知名度，让粉丝关注之后逐步达到我们的目的。要想在短时间里获取大量的粉丝，还必须靠媒体。请记住：成功靠媒体。当然，要结合自身的实际情况选择合适的媒体，是选择纸媒还是网络媒体或者广播电视媒体，要考虑好。

第六，微信营运的目的是维护与用户的关系，要用99%的时间培养用户对你的信任感。不要老想着宣传或营销，一个月拿出29天的时间培养用户、1天的时间用来宣传或营销可能更有效。请暂时忘记宣传或营销，多为其铺垫预热。

三、全面评价政务公众号的七个维度

为了全面评价政务公众号的影响力，微信公众平台推出了政务公众号榜单，平台会从传播、互动、权威、受众、规模、服务、成长七个维度来评价政务号的影响力。

第一,传播。它代表政务号的文章能够辐射的范围,会根据统计周期内总体的曝光量、点击量和发文量综合评比。

第二,互动。它代表用户对于账号发布信息的互动意愿,根据转发、评论、赞、踩等行为进行综合评价。

第三,权威。指该账号对应单位实体的权威性。比如,不同级别政府单位的影响力,辐射到互联网上,也需要量化描述和体现。

第四,受众。它代表账号影响的人群规模、质量,会依据用户画像对其关注群体进行划分,并对不同层次用户群体的质量、数量加权计算,综合评价。

第五,规模。它是评价创新性账号影响力的标准。目前,政务媒体已经呈现出规模化的发展趋势,政务号从单兵作战的"一枝独秀",在向相关政府部门"矩阵"联动作战的传播方式升级,从而实现立体化、网格化的政府新媒体宣传与服务。因此,政务号的矩阵规模会提升规模指数。

第六,服务。随着其他自媒体平台服务产品功能的建设完善,微信政务号可通过与其他平台政务号联动的方式,为公众做更有力的服务。而政务号在平台上的服务能力、服务水平、服务意识,也将作为重要因素并入影响力模型。

第七,成长。随着政府、企业工作的加强,各项评价指数环对比上个统计周期的增长幅度,会作为评价工作进展的重要标准,纳入影响力指数。

当然,目前的微信传播还有一些"乱象"和"误区",如:"曲解政策,违背正确导向""无中生有,散布虚假信息""颠倒是非,歪曲党史国史""格调低俗,突破道德底线""惊悚诱导,标题党现象泛滥""抄袭盗图,版权意识淡漠""炫富享乐,宣扬扭曲价值观""题无禁区,挑战公序良俗"等等。

依据法律法规,规范新媒体的很大一部分责任落在平台身上,要想实现新媒体内容的"清朗",需要让媒体人认识到网络环境是公共空间,需要大家维护。

第四节 自媒体内容生产与运营

自媒体是指以单个的个体作为新闻制造主体而进行内容创造的,而且拥有独立用户号的媒体。今天,几乎每个平台,微信、微博、一点资讯、今日头条、搜狐网、网易网、凤凰网等,都为独立用户开辟了账号入口。

自媒体的兴起,一方面带来了更直接、更接地气的表达,也让很多领域的内容被用户知晓,极大地满足了公众的知情权;另一方面,因为没有规范的审核制度,自媒体上谣言横生,还流传着不少有害的政治信息、低俗内容以及对公民进行人身攻击、对企业进行污蔑的信息。这里的问题在于,从自媒体开始崛起的时候,我们并未认识到它的威力。当年,办报纸需要严格审核,特别是要有刊号。但现在,一个影响力远远超过报纸的媒体,却能随时注册、发文。管理的难度,就在于此。

要破解这种不平衡,一是靠政府的监督,二是靠平台的管理。但最终的解决之道,还是要靠公民责任意识的觉醒。如果大家在网络上肆意妄为,结果只能伤害彼此。因此,政府应该加强这方面的管理和引导,特别是对自媒体人的教育,让每个人都有这方面的认知,这样自媒体才能自由而有序地发展。

一、自媒体选题、采访、写作与包装

一篇文章的优与劣，体现在这四个环节：选题、采访、写作、包装。媒体人和自媒体人的创作都会围绕这几个方面展开。

（一）选题

选题指在写作之前，对文章所要描述的主题做出初步确定。好的选题应该具备以下几个特点。

第一，可读性——用户对它感兴趣。

第二，重要性——有价值，而不是可有可无。

第三，信息增量——独树一帜的切入角度、高屋建瓴的视野、入木三分的深度等。

第四，正确的价值观。如果选题的价值观不正确，即使你有猛料、美文、好标题，也不能提升文章的层次。换而言之，选题是关键，就如同食材的选择对一道菜的重要性一样。

（二）采访

采访指记者或者自媒体作者获取素材的过程。

采访分为狭义采访和广义采访。狭义采访是指通过提问、观察等手段获得素材；广义采访既包括对相关资料的查阅，也包括日常生活中的经验积累。对新闻记者而言，狭义采访会更多；对于自媒体人特别是专注某垂直领域的自媒体人，广义采访被使用的概率很大。

采访分为以下几个层次：

第一，从权威信息源拿到核心信息。

第二，从非权威信息源拿到核心信息。

第三，从权威信息源拿到一般性信息。

第四，从非权威信息源拿到一般性信息。

我们要努力做到第一个层次。做到了，就是言之有物；反之，就是巧妇难为无米之炊。

（三）写作

写作指将拿到的素材写成文章的过程。

词不达意、浅尝辄止、病句连篇绝不是新媒体的特色，在任何时代，我们都要追求凝练、鲜明的主题，严密的逻辑，精美的文字。

内容表述要有时代感、网络感。

首先，形式要更丰富，使用文字、图片、视频、H5，结合线下活动，强化内容的直观性和趣味性。

其次，以小切口表述大主题，讲述干货，文章故事化、细节化。

最后，可多使用网络热词，如"洪荒之力""友谊的小船""吃瓜群众"等，拉近内容与网民的心理距离。这些方法，可以让"写作"达到新境界。

（四）包装

包装包括确定一个有冲击力的标题，配上让人过目不忘的图片，在排版上更为流畅、精致等。

虽然包装是最后一个环节，但它直接决定了文章的点击率。特别是在标题的制作上，选择好标题但不搞标题党，是媒体人的基本功。

二、好选题四大典型特征

（一）选题的卖点

卖点，指可读性，就是某一个选题是否能吸引更多人关注，是否能形成更广泛的传播。卖点由以下要素构成：

1. 时效性

狭义的时效性指"新闻发生的时间"距离"该新闻被报道的时间"的长短；从广义上说，时效性是指作者是否最早获取线索、最早进行价值判断，以及最早介入采访、写作和传播。特别是在移动互联网占据主流传播阵地的今天，出版周期已经从月、日、时加速为秒，这也让选题的时效性变得更为重要。

2. 地点的显著性

地点的显著性指新闻发生地的知名度大小。同样的新闻，发生在不同的地方，传播效果会大相径庭。一般来说，地点的显著性遵循首都>省会>地级市>县城的顺序。但一些此前并不知名的地方，会因发生过重大事件而变得备受关注，如汶川、雄安等。地点的显著性可用于新闻的包装，尤其是标题上。

3. 贴近性

贴近性指选题所关注的事件影响到了公众的生活甚至生命。

4. 冲突性

新闻中出现的冲突越激烈越吸引眼球。冲突包括人与人的冲突（如凶杀），种族、民族之间的冲突（南非种族隔离政策），国家之间的冲突（战争）等；也包括人与环境的冲突（破坏林地），环境与环境的冲突（沙漠侵蚀绿洲），以及不同价值观之间的冲突（比如对市场经济规则的认知不同）等。

5. 人情味

人情味指选题中有关情感元素的多少，能不能换来读者的共鸣。

特别是涉及老人、儿童及其他弱势群体的选题，受公众关注的程度很高。

6. 名人效应

选题涉及的主人公知名度越高，传播效果越好。

7. 神秘性

未知比知易传播。选题中的科技含量或神秘效应，是一个报道成功的重要元素。

8. 趣味性

趣味性指有意思、好玩的选题。它符合"悦读"的特性，可以让读者轻松接受，并形成谈资，所以利于传播。

9. 差距与情绪

这是自媒体和传统媒体寻找选题时特别需要注意的一点（为什么很多选题看似不起眼，却能在网上特别是在微信上形成刷屏效应？因为它代表了一种情绪。比如民族情绪、仇富情绪、仇官情绪等，情绪的背后，则是中国社会现状在网络上的深刻反映。

（二）价值

如果我们仅仅追逐选题的卖点，往往会陷入"负面扎堆"的选题环境中，所以，必须同时强调选题的价值。如果说卖点是新闻可读性的反映，那么价值就是必读性的反映；卖点是生猛的，价值就是巨大的。

选题价值代表其重要性。有人说，一条时政新闻的重要性，体现在其如何影响政策；一条财经新闻的重要性，体现在其影响财富流动的多少。这些说法都没有问题，但一切报道均为"人的新闻"，其重要性最终体现在对人的影响上。具体而言，新闻选题的价值可从以下几个方面进行分析。

第一，该条新闻影响了多少人？一个两个，还是成千上万？

第二，它影响了什么人？影响七个普通人和影响中央政治局七个常委的新闻当然有差别，新闻的功利性也体现于此。

第三，它对人的影响到达什么程度？比如一场疫情袭来，是只能让皮肤起个红点，还是能致命？

(三) 信息增量

信息增量，指给读者提供"欲知、应知、未知"的内容。换而言之，是不重复其他媒体已经报道的东西，不说正确的废话。我们追求"黑天鹅"，当其他人都说天鹅是白色的时候，我们要善于发现另一个角度；但切忌哗众取宠——当所有人都说煤球是黑色的时候，我们不能说煤球也有白的。

提供信息增量，主要体现在以下三个方面。

1. 角度

对同一事件的不同看法。自媒体，应该是一个充分体现作者个性的媒体，其独到的视角更为重要，久而久之才会形成自己的品牌。所谓"报道就是这么多，看看我家怎么说"。

尤其是针对所有媒体都关注的信息，选择什么样的角度介入，是媒体能否独占鳌头的重要手段。切忌大而全，切忌"about"（关于某某的一切）报道，要求"小切口、大主题"，所选择的角度一定在意料之外、情理之中。

"高大上"的时政新闻，反而应以"小切口、接地气"的方式处理。一个成功的案例是《2000万听障者如何看懂十八大报告》，它以电视上手语老师如何翻译十八大报告为切口，讲如何用手语表达"科学发展观"与"三个代表"等名词。这个独特的角度就让该条新闻从众多同类作品中脱颖而出。

2. 高度

从选题上开始构思，争取把所要报道的事件上升到现象，提炼概念，并分析规律、趋势，所谓"述—论—道"三个层次。

3. 深度

网络有碎片化传播，但追求深度应该是自媒体人的终极目标。深度报道不是说文章很长、字数很多，而是把报道的重点从前4个"W"转移到"Why"。

（四）价值观（态度）

虽然我们很难用一句话描述价值观的真正含义，但它并非虚无缥缈的东西。它是一种态度，并在很大程度上依赖于选题。左与右、黑与白、民主与独裁、开放与封闭、进步与倒退，都可以在选题中体现。在以习近平同志为核心的党中央坚强领导下，坚守正确的导向和价值观，是所有媒体和自媒体应该遵循的基本原则。

（五）靠标题，也能10万+

1. 好标题的三重境界

不管是媒体还是自媒体，好标题的三个原则是不变的。

（1）真实——标题能够表达出文章的核心或重要内容，不靠标题党吸引读者。

（2）简洁——能用一个字表达清楚的不要用两个字。当然，这与当下流行的提要式标题并不矛盾，长与啰唆并不能画等号。

(3) 精彩——掌握制作标题的技巧,让人过目不忘。

2. 标题制作技巧

(1) 避免晦涩,尽量口语化。

(2) 提炼对比,增强冲突感。

(3) 简洁明了,句式多样。

(4) 挖掘亮点,不让重要信息藏在文中。

(5) 采用直接引语,生动表达。

(6) 善用谐音,巧妙表达。

(7) 借用辨识度高的影视作品、歌曲、诗句。

(8) 利用对仗,增加诗意韵律感。

(9) 学会蹭热度,套用热门网络用语。

(10) 不要小看图片的力量。

(11) 突出名人。

(12) 微博文体的活用。

(13) 创新语言风格,形成自己的风格。

三、短视频制作

在此,就如何制作一档优质的短视频,我们也给自媒体作者一些建议。

什么是短视频?这个问题目前尚无权威定义。SosialBeta 将其解释为"一种视频长度以秒计数,主要依托于移动智能终端实现快速拍摄与美化编辑,可在社交媒体平台上实时分享和无缝对接的新型视频形式",它融合了文字、语音和动态影像,可以更加直观、立体地满足用户的表达与沟通需求。

（一）短视频的优势

1. 现场感

视频最明显的优势就是现场感。一个新闻事件，不管文字描述有多详尽，图片展示有多清晰，都是"单维信息"，用户无法感知事件的真实性，而视频不管是"实拍"还是"监控记录"，都能让用户一目了然地看清事件发展，特别是爆炸、车祸灾难等极具视觉冲击力的场景。

2. 真实性

我们常说无图无真相，相对于图文，视频更难造假。它会给用户更强的真实感，特别是监控录像。

3. 容易理解

一些专业性较强的领域，如财经、军事，洋洋洒洒几千字的深度解读，没有一定专业知识的受众很难看懂。同样一个题材做成视频，用浅显易懂的语言解说更接地气，能让不同知识结构的人很快看懂。此外，像一些技巧类的内容，视频也有独特的优势和不可替代性。例如："丸子头怎么扎""东坡肉怎么做"，这种需要动手实践的领域，图文的展示就很难传达精髓。

4. 多媒体

除了字幕之外，视频能给用户视听享受。同样是一个搞笑内容，视频包含人物、表情、冲突等多方面元素，更容易让用户投入其中。

5. 碎片化

现代人时间碎片化严重，5分钟可以做什么？短视频是一个填充利器。即便是影视剧中的精彩片段，也都是相对独立的内容。

(二) 如何制作出一条精彩的短视频

以 3 分钟视频为例，首先，我们不能盲目拿起设备，先要有整体的构思。这个构思包括视频的布局和亮点等。其次，是注意拍摄手法的运用和具体的制作细节等。

1. 构思

我们可以把短视频的布局想象成游乐场里的过山车，其结构就很容易安排。过山车刚开始都有一个缓慢上升的过程，我们可以将其看作视频的铺垫部分。紧接着，应该是过山车第一个令人紧张的阶段。短视频也是如此，如果在前 20 秒内能有一个爆点，吸引住用户，那么用户很愿意继续看下去；如果把视频的亮点全放在最后，大部分用户是没有耐心看完的。当然，我们也不要为了吸引人而刻意设置一些亮点，那样会让用户感觉疲劳。所以，一个 3 分钟视频的布局基本可以这样设定：20 秒一个小爆点，2 分钟一个大爆点。

2. 视频的拍摄手法

一个视频要吸引用户，不仅需要跌宕起伏的情节，也需要多样的拍摄手法。如果你的视频只是固定的摆拍，镜头没有任何变化，那即便内容再吸引人，在视觉效果上也会让用户觉得很疲劳。"推、拉、摇、移、跟、甩"是拍摄的基本手法。首先我们要知道，"推""拉"是指镜头的变焦，"摇"是指摇摄，"移"和"跟"是指摄像机的平移和跟拍，而"甩"又是移的一种。下面我们来详细解释这几种拍摄方式的主要运用环境及镜头语言。

(1) 推

推是指使画面由大范围景别连续过渡的拍摄方法。推镜头一方面把主体从环境中分离出来，另一方面提醒观众对主体或主体的某个细节予以特别注意。比如，主持人说到嘉宾的腕表有某种特殊意义时，镜头就会慢慢推上去，给腕表一个特写。同样，如果拍摄主体要表达一些特殊情绪，也可以慢慢推一个脸部特写。《大话西游》中最经典的一段，演员朱茵和周星驰在对视时导演运用了推的手法，着重刻画了两人的面部表情，瞬间将两人从周围环境中分离出来。

(2) 拉

拉与推正好相反，它让被摄主体在画面中由近到远、由局部到全体地展示出来，使得主体或主体的细节渐渐变小。拉镜头强调的是主体与环境的关系。

(3) 摇

摇是指摄像机的位置不动，只变化角度，其方向可以是左右摇或上下摇，也可以是斜摇或旋转摇。其目的是对被摄主体的各部位进行逐一展示，或展示规模与巡视环境。其中，最常见的摇镜头是左右摇，电视节目中经常使用左右摇。

(4) 移

移是移动的简称，是指摄像机沿水平方向移动时进行拍摄。移动拍摄要求较高，在实际拍摄中需要专用设备配合。移动拍摄可产生巡视或展示的视觉效果，如果被摄主体处于运动状态，使用移动拍摄可在画面上产生跟随的视觉效果。

(5) 跟

跟是指跟随拍摄，即摄像机始终跟随被摄主体进行拍摄，使运动的被摄主体始终在画面中。其作用是能更好地表现运动着的物体。

(6) 甩

甩实际上是摇的一种，具体操作是在前一个画面结束时，镜头急骤地转向另一个方向，在摇的过程中，画面非常模糊，等镜头稳定时才出现一个新的画面。它的作用是表现事物、时间、空间的急剧变化,营造紧迫感。

当然,除了以上六种基本拍摄手法,还有一些有难度的手法,比如升降、旋转、晃动、综合等,但是这些手法需要专业的设备及技巧。

3. 视频的制作要求

(1) 编剧要编出节奏

如果编剧和导演把故事发展的来龙去脉事无巨细地写出来,故事的主体不突出,该简不简、该繁不繁,那作品一定是冗长乏味的。

(2) 演员要演出节奏

演员要演出节奏,不能拖泥带水。

(3) 摄影师要拍出节奏

如果摄影师在画面的表现、构图的选择、镜头的运动上没有把握好影片的节奏,那么剪辑师就会大伤脑筋。

(4) 剪辑师要剪出节奏

如果剪辑师只是把镜头的长度都剪短,而不调整结构,那么故事的节奏依然不会得到改善。

总体来说,节奏是一个很难规范的东西,是一个人的内心感受。听同一首歌、看同一部电影,有可能你觉得节奏不错,但其他人觉得很差。因为人的感受和思想都是主观的,是不同的。

4. 如何做视频封面图

在视频信息流中,封面图和标题是首先呈现给受众的信息。封面图的冲击力、震撼感、传递信息的直观性都是视频推广的重要手段。一张好的封面图能瞬间吸引受众的注意力,让受众迅速判断视频内容，甚至可以让流量翻倍。

5. 如何制作短视频标题

文章标题与视频标题看似相同，却有不同。视频相对于文字，它最大的优势是直观，能给受众展现更多细节、带来更强的感官刺激。因此，视频标题要抓住能够强调现场感觉、体现立体感受（如声音）的要素。

（1）产生震撼感

例如，某新闻报道的文字标题为"5人受伤3人失联！江西发生桥梁坍塌"。而视频标题，用动态元素强调了新闻中的关键信息，能使受众产生震撼感。

（2）强化时间点

例如，某新闻报道的文字标题为"梅州发生重大交通事故"，标题无亮点，很容易被受众忽视。而视频标题动态化地强调了车祸发生的时间，简洁明了地吸引了受众。

（3）突出视频元素

视频元素要尽量全面、真实地展示所反映的内容，使受众最大限度地获取信息。

（三）专项分析：如何把知乎"视频化"

目前，各个平台上的短视频大概可以分为三种：有趣的、有料的、有用的。

有趣的，指娱乐、八卦视频，包括一些影视片段等，它们的存在纯属为了帮受众打发无聊时间；有料的，指新闻类视频，它通过现场拍摄，强化用户对新闻的了解。这两类视频是短视频的主流。

但在一点资讯上，我们更看重第三种视频"有用的"，或者说是视频版知乎。知乎凭借专业、深入、友善的社区文化和机制，聚集了科技、商业、文化等领域中最具创造力的人群。用户通过问答等交流方式建立信任和连接，形成了很有特色的媒体形态。

而短视频节奏感强，相对图文也更立体，因此，把知乎"视频化"也是自媒体可探索的模式。如何实践，可参考以下几点。

1. 小小技巧

比起互联网上一些毫无营养的信息，短视频为受众多提供实用的小技巧，让受众能够学到更多技能。

2. 专业干货

专业干货对高端受众群体更具吸引力。我们可以将专业内容深入浅出地进行解析，让受众获得有实际帮助的知识。

3. 趣味知识点

这类短视频不只是技巧的简单罗列，也呈现了"有意思"的内容，它更容易吸引受众，增加黏性。

四、自媒体评价的六大维度

在各个平台上，一个自媒体的优与劣体现在几个方面：原创度、垂直度、活跃度、关注度、知名度、内容质量。自媒体人要从这几个维度包装好自己的账号，才能获得平台的认可。

（一）原创度

原创度指自媒体发表的内容（包括文字、图片、视频等）中，有多大比例是原创的，而不是转载或抄袭的。原创比例高的自媒体号，在各个平台上大都会得到更高的评级和推荐权重。

（二）垂直度

垂直度指自媒体的定位明确度，能否专注于某个领域或某一人群。所谓"术业有专攻"，今天写财经、明天写体育、后天写娱乐的自媒体，往往是浅尝辄止。更重要的是，只有定位明确，才有获得更精准的"公号画像"，并在千人千面分发的 App 中获得更为精准的推荐。

（三）活跃度

活跃度指自媒体发文的频次、数量。在文章质量相同的情况下，发文数量越多、频率越高，越容易被平台青睐，因为读者是有预期的。相反，一个平台也可以根据自媒体的活跃度去分析自身运营的状况，解决只入驻、不发文的问题。

（四）关注度

关注度指某个自媒体的订阅数，以及用户订阅之后，这个号与粉丝之间的关系密切程度。

（五）知名度

知名度指自媒体作者账号的名望和资历，分为普通号、达人号、名人号。

普通号，指作者缺少知名度和影响力的自媒体账号。

达人号，指作者在某个垂直领域内有较大影响力的自媒体账号，比如教育界的熊丙奇、财经界的刘姝威等。达人号会得到一定的高评级，推荐加权。

名人号，指作者被公众广泛认知的自媒体账号，如马云、郎平、王宝强等。名人号会得到较高的评级及推荐加权。

（六）内容质量

我们可以从编辑、数据两个维度来判断某自媒体的内容质量。编辑根据选题、采访、写作、包装来判断单篇文章质量。而自媒体发文的平均质量，决定这个号的优劣。

数据主要包括如下指标：

第一，点击量和点击率。点击量指一篇文章被受众点开了多少次。点击率=点击数/展示数。展示数指有多少个受众刷出了这篇文章。

第二，阅读时长。阅读时长指受众在一篇文章里停留的时间。

第三，转发量和转发率。转发量指一篇文章被受众转发到社交媒体（如微信）上的次数。转发率=转发次数/展示数。

第四，评论数和评论率。评论数指一篇文章有多少受众评论。评论率=评论总数/展示数。

第五，收藏数和收藏率。收藏数指一篇文章被多少人收藏。收藏率=收藏总数/展示数。

账号的发文属于内容生产范畴。生产优质内容是亘古不变的真理。今天，内容生产的权力已经从专业媒体人下放到了每个人手里，机器人也拥有了生产内容的能力。而当大量内容充斥互联网时，平台对作者的要求也从"海量"变成了"丰富、优质"。只有丰富才能满足千人千面分发的需求；只有优质才能避免被阅读者放弃。

内容生产之后，是审核过程。因为自媒体缺乏传统媒体"三审三校"的流程，平台方就承担了更大责任，必须保证发出的内容是安全的。同时，因为千人千面的分发逻辑需要对内容进行画像，所以自媒体作者上传内容时，打标签的准确程度非常重要。

今天，内容分发的权力也从由总编辑和编辑垄断过渡到编辑、算法、社交三分天下。所以，自媒体人对算法和社交分发的理解非常重要，特别是对人工智能的理解，直接决定了文章在平台上的分发效果。

互联网本来就是一个开放、共享、交互的环境，有时候一条精彩的留言，胜过一篇精心创作的文章。不要忘了利用好每一个机会和你的粉丝互动。

五、塑造个性鲜明的自媒体品牌

自媒体要想在众声喧哗中脱颖而出，必须塑造个性鲜明的品牌。

（一）准确定位

我是谁？为了谁？从哪里来？到哪里去？定位不仅是一个哲学命题，更是政务号和企业号运营的根本战略问题。

定位就是机构自媒体的核心价值观，是其安身立命的根本。政务号和企业号的自身定位最好能用一句话明确。比如，"@中国石化"的定位就是"为美好生活加油"；"@中化集团"的定位为"中化人、中化事、中化情"；"@国资小新"的定位就是"一起参与国资监督与管理，一起推动国企改革与发展"。

不同的机构，定位的重点完全不同。政府机构要定位于政策沟通和政务服务，企业机构要定位于形象公关和营销服务，媒体机构要定位于传播信息和服务受众。

同样的机构，不同属性有不同侧重。中央政府侧重于宏观政策垂直落地，地方政府侧重于本地政策执行与公众服务，政府内设部则聚焦部业务和服务；B2C企业要以用户为中心开展服务，B2B企业则要内外兼修、传播文化，混合型企业则要聚焦主业、兼顾辅业；企业总部重在战略引领、集中发声，下属企业重在圈层传播、在地服务。

另外,还要从公众视角和用户视角找准自身定位。一个公众视角的机构自媒体,要努力做到"公众利益代言人""网上发言人""微公益发起人"和"朋友圈知心人"四位一体的身份认同,用心沟通,用心服务;一个用户视角的机构自媒体,要想明白"想影响谁、想为谁服务",在受众的媒介组合中找到自己的合适位置,为满足用户的需求拿出自己的看家本领,承担起信息公开、在线服务、品牌传播、舆情引导等功能。

(二)科学起名

名不正则言不顺,言不顺则行不远。围绕定位,起个好听好记易传播的名字,是品牌化运营的关键因素,也是一个技术性很强的活计。从机构自媒体品牌和功能属性出发,拟定认证名称大致有三个方向:

一是相对传统、有点正的名字。比如"@北京发布""@国家地震台网速报""@江宁公安在线""@保利风采"等;

二是相对跳跃、有点活的名字。比如"@长安剑""@打四黑除四害""@侠客岛"等;

三是相对亲切、有点萌的名字。比如"@外交小灵通""@国资小新""@石化实说""@学习小组"等。

当然,正式名称之外还需要有个接地气的昵称。起了一个"高大上"的名字,还可以用昵称来"接地气"。比如"@中国石化"昵称"小石头"、"@国家地震台网速报"昵称"镇长"、"@华润集团"昵称"嗨皮润"、"@上海发布"昵称"小布",很好地与粉丝建立了情感认同。"@外交小灵通"的粉丝就自称为"通心粉"。

(三) 构建品牌

优秀的政务号和企业号，必须有自己风格的品牌。机构要根据定位和昵称，规划设计一套能引起人们对品牌美好印象的联想物和符号，它是机构自媒品牌化传播的战略体现，包括名称、标志、基本色、口号、象征物、代言人、包装等。这些识别元素形成一个有机、系统的结构，会持续对粉丝产生影响。构建品牌的终极目的是机构的互联网化，在移动互联网上培育出一个新的IP，从而实现政府和企业等机构的网络化生存。

首先，视觉识别是一个非常接地气的品牌代言方式，即明星代言人或人格化的虚拟代言人及其"表情包"、动画短视频等。

此前，一个机构的代言人一般是领导人、新闻发言人或者广大员工。相比而言，虚拟代言人能够更好地代表机构形象，它有专门的运营团队，有血有肉有感情，轻易不会"失言"。比如，国资小新这个萌萌的虚拟卡通形象（见图4-5），出自一位热心粉丝"@果冻的光影"之手（小新头顶电信 Wi-Fi 信号，脸部由国资委 SASAC 官方 Logo 演化而成，手臂形似航天火箭，腿是特种钢材，工装裤象征默默奉献、踏实敬业的产业工人，胸前一颗红心代表爱与忠诚——这个卡通形象浓缩了国企所涉及的国计民生主要领域，是一个爱工作、爱公益、爱创新、有血有肉的小清新。受其影响，23家中央企业也分别设计了自己的卡通形象，扎堆儿卖萌。

公安部交管局新媒体账号，则请100位明星、名人做文明交通代言人；中国联通新媒体邀请明星和粉丝互动，也是一种品牌化运营的手段（此外，机构自媒体如果没有专属表情包，似乎是一件 Low 的事情。一些政府和企业推出了自己的表情包，既是运营的实际需要，也是和粉丝沟通的有效媒介。

图 4-5　国资小新

其次,听觉识别也是品牌识别体系的重要构成部分。拥有一首脍炙人口的机构/企业歌曲,即使是"口水歌",也能带来粉丝的心理认同。2015 年,国资小新从粉丝中征集了 32 首歌词,其中《我们都是小新》入选,它被谱成歌曲,由国资小新团队和中央企业新媒体的编辑联合演唱,并被上传到音乐视频网站。

最后,语言风格也是品牌区隔的重要手段。机构自媒体要说人话,为人服务,就要形成自己的语言风格,甚至创造一种属于自己的、粉丝参与的网络文体,不仅自己经常使用,而且网民也愿意自觉模仿、引用。网络流行语具有意识形态属性,有较强的代入感,粉丝每使用一次,就会加一次信任背书。网络流行语多是由网民无意识生产的(比如咆哮体、任性体等),或由商业机构策划生产(比如凡客体、淘宝体等),或随影视剧走红而产生(比如甄嬛体、蓝精灵体等)。

2014年6月,国资小新尝试和网民一起创作了首个政务网络文体"小新体"。小新感慨了一句"清风起吟,荷香四邻",倡导大家"一起清新,一起创新",掀起了一股网友造句的热潮,一些粉丝、大V纷纷效仿这一句式,创造了800多个版本的"小新体",受到海内外媒体关注,新加坡《联合早报》评论称"此举是中国政府用萌势力攻略民心"。2017年6月,新华社新媒体发布了"刚刚,沙特王储被废了"短短九个字,虽然三个编辑层层把关仍有纰漏,但是却创造了"刚刚体",不仅流量爆棚,而且将一个简单的时间词赋予了别样的含义,体现了国家通讯社的时效性和权威性,随后被很多媒体、自媒体争相效仿。

六、自媒体运营

定位明确之后,机构自媒体就要基于战略定位,以人为本、以用户为中心,植入互联网基因,进行运营主体的组织转型、文化重塑和流程再造,从信息发布者、事件传播者、危机处理者、形象展示者向内容分发者、价值创造者、问题预防者、关系管理者转变,从而实现内容生态培育者的角色蜕变。

(一)团队运营:以自组织的力量穿透"无形的墙"

当前,政务号和企业号大都面临着难以逾越的内部"无形的墙":资源配置差、审核流程长、优质内容少、运营人才缺、内部沟通难等。要解决这些问题,可以从三个方面入手。

1. 组织转型,建立自组织,人人都是运营主体

机构自媒体的运营团队至少要由三部分组成:一是运营团队,包括核心团队、组织内部横向的平行部门和组织内部纵向的下属成

员单位；二是协作团队，即关系链上的利益相关方，包括媒体、专家、产业链、客户和粉丝；三是支撑团队，包括外部专业技术团队和外包内容制作团队。如此，机构自媒体就从职能部门变身为自我管理、自我发展、具有互联网基因的自组织，成为跨界、跨专业、跨地域的资源共享价值分享的虚拟团队。利益相关者都参与到运营中来、参与到内容生产中来、参与到互动中来。比如"@共青团中央"让粉丝直接参与内容的运营。又如国资小新在九寨沟地震后第一时间建立微信群，邀请央企、地震台网、气象部门、中央主流媒体、四川地方媒体、地方政务发布等方面的30多家单位，迅速开展连线直播、视频制作、内容整合、动态报道等工作，实现信息共享、资源共用、内容共产，推动抗震救灾工作有序开展。

2. 文化重塑，激发团队内生动力和创新活力

优秀的机构自媒体，拥有优秀的团队文化，倡导"有组织，无领导"，奉行"谁对听谁的"，鼓励"You Can You Up"。他们会经常"头脑风暴"、互相砥砺，凡事团队协作、优势互补，发挥每个人的能量，形成合力，团队成员以创业者的心态，把公事当私事干，把事情当事业做，形成一个"不需扬鞭自奋蹄"的工作氛围和一种"舍我其谁"的责任担当。

3. 流程再造，让听得见炮声的人去决策

在责、权、利统一的前提下充分授权，是一个"体制内"的机构自媒体得以创新发展的重要保障，即实行相对灵活的运作流程，相对精准的考核激励办法。国资小新运营之初，整个团队就一直在摸索一种能解放"生产力"的方法，内部形成了一条不成文的运营规则，就是"（领导）不审微博"。这样不仅保证了及时发布、有效互动、快速

响应粉丝的需求,而且"谁发谁负责"。领导高度重视、充分授权、团队协同创新、对结果负责,信息分类管理发布,一般情况编辑直接编发,主要内容团队把关、重点信息领导审核,最终实现了运营机制的转变,具备了市场化运营的能力和能量。

(二)平台运营:"两微一端"三剑合璧、多屏互动

在多平台的背景下,机构既要积极入驻社交媒体平台,拓展传播服务渠道,又要结合实际建设自有平台,掌控信息交互通道,还要完善全媒体平台,整合内外媒体资源。

第一,发挥不同新媒体平台的优势,开展"两微一端"一体化运营,用不同的平台满足不同的功能需求(见图4-6)。微博"强传播、弱关系"的特点,使其作为机构的"新闻发布厅",侧重于传播和互动;微信"强关系、弱传播"的特点,使其作为机构的"办

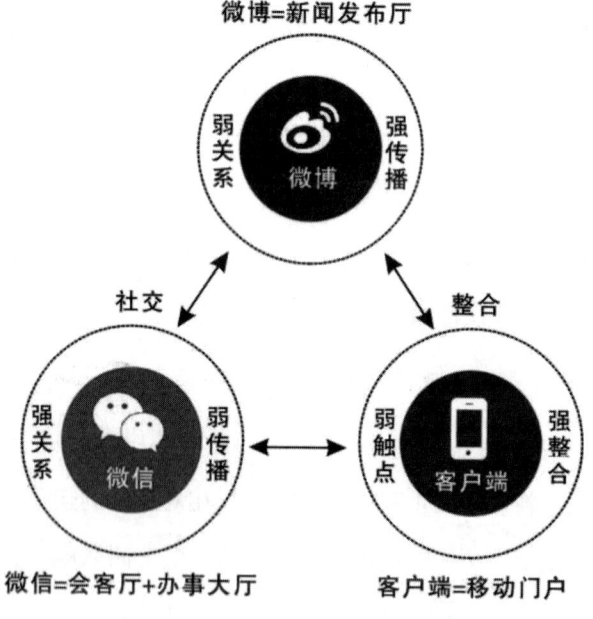

图4-6 "双微一端"一体化运营

事服务大厅",侧重于服务和社交;客户端"强整合,弱触点"的特点,使其作为机构的"掌上会客厅",侧重于内容整合和智能分发。

第二,紧密跟踪新型技术平台及其用户需求,以"平台+内容"的形式进行多屏互动,用好视频直播、知识分享等应用。它包括以"微博+直播"的方式,开展重大会议、重要活动的在线直播;以"微博微信+短视频"的形式,组织一些爆款内容产品的推送;以"微信+小程序"的方式,推进一些服务项目或活动的落地;以"互动+分享"为目的,充分用好知乎、分享和回答等知识付费应用;探索通过优质视频产品在 B 站等弹幕网站开展社区交流的路径;探索结合机构特点利用 AR/VR/MR 技术制作虚拟场景体验产品的方法。

(三) 矩阵运营:集群发展、集体发声、共建共享共赢

1. 外拓关系,建立广泛统一战线

以机构自媒体为中心,紧密团结线上力量,包括政府部门、新闻媒体、专家学者、行业组织、企业、NGO、自媒体、网络名人等(见图 4-7),促进相关各方持续互动。

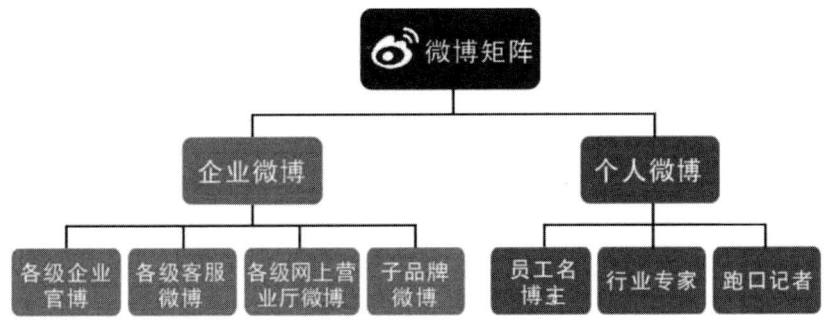

图 4-7 矩阵运营

2. 内组矩阵，建立联动服务机制

从机构自身管理服务领域出发，建立聚类的服务矩阵和联动发声平台，开展议题联动、内容联动、服务联动。矩阵一般包括本地化矩阵（如北京微博微信发布厅、成都服务等）、垂直化矩阵（如全国检察系统四级新媒体矩阵、央企微矩阵、中国联通省市县服务联动矩阵）。

3. 对标管理，建立新媒体指数体系

用好新媒体矩阵，要有一套可以发展对标的指数体系。从受众接受度、活跃度、权威性、共鸣、责任等五个维度出发，建构机构自媒体评价的5A模型（见图4-8）。在此基础上，建立政府、企业等机构新媒体指数，如中国企业500强指数榜等。

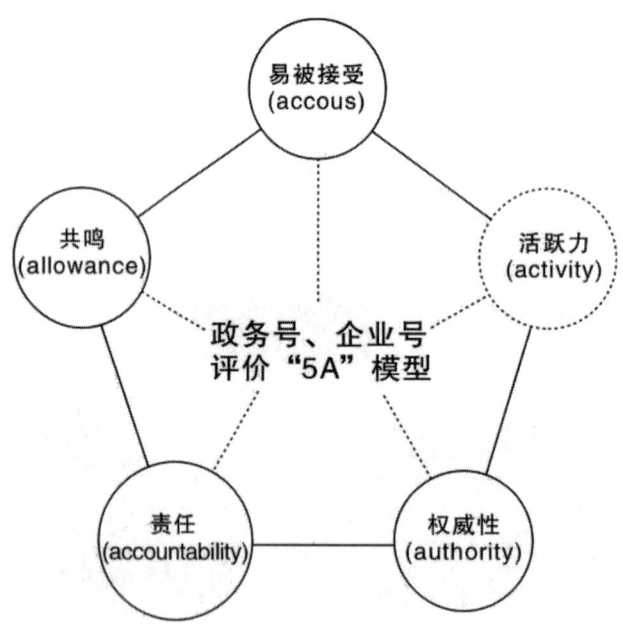

图 4-8 政务号、企业号评价 5A 模型

4. 风险管理，多措并举，综合施策，应对"三大挑战"

舆论生态复杂多变，各方诉求千差万别，新媒体运营是一个系统工程，主要面临着理论舆论上被"PK"、危机事件中被"围观"、业务服务被"@"等三个层面的风险，要发挥机构的组织、政策、队伍、资源等优势，分层分类，主动采取有效的策略和措施进行防范化解。

第五章 新闻舆论

第一节 新闻传播发展

近年来,以互联网为公共传播平台的新兴媒体爆炸式增加,对新闻传播领域形成了前所未有的冲击,使新闻传播格局出现了三个明显的趋势。一是媒体网络化、二是网络媒体化、三是媒体大众化。这三个明显的趋势基本上打破了多年形成的新闻传播格局,使新闻传播领域发生了异常深刻的巨变。媒体网络化进程已经完善,全国的报纸、杂志、广播、电视等,都建立了自己的网站。事实上,媒体网络化的帷幕早已在全世界拉开,并不断加速发展。

在中国,传统媒体的网络化进程十分迅猛,呈现一片繁荣的景象。传统媒体的数字化转型已经基本完成。在网络时代,我国的许多报纸、杂志等传统媒体纷纷调整发展战略,都在数字化方面有所突破。在内容制作上,传统媒体早已将内容电子化,并且内容的生产过程也日益网络化、数字化,实现了数字采编、移动采编。在传播方式上，传统媒体对网络客户端、移动客户端软件和版本的开发非常积极，同时紧跟网络潮流，非常注重在网络平台上进行推广。在盈利模式上，传统媒体积极尝试与互联网、移动互联网结合，力图依靠它们增加收益。在内部结构上，绝大多数传统媒体已经增设了数字化运作部门，此类部门的地位越来越重要。有些传统媒体甚至直接投资开发或收购新兴媒体，进行公司化转型。

传统媒体的采编业务基本上已经实现数字化。过去，传统媒体的新闻发稿时间，报纸是一天，广播、电视是几个小时，而杂志的发稿时间是十几天至几十天。时效性不强、工作范围小、发稿周期长、创新性弱等问题，显然不适应争分夺秒的网络传播时代。因此，建立一套能够快速响应，使用自由、机制完善的信息采编和发布系统，成为传统媒体的突出需求。为了满足传统媒体的需求，一些专业公司在3G网络的基础上开发了移动采编系统，实现了移动采编、移动OA和移动邮件收发等功能；利用数码相机、智能手机等，实现随时随地的新闻采集和新闻发布。比如，南方报业集团使用了数字任天堂公司的产品，云南日报报业集团使用了云南联通的产品。2009年，陕西日报社使用了西安移动公司的移动信息化新闻采编系统，大大提高了采编效率和报道时效。

传统媒体正在加快向客户提供数字移动服务的步伐。许多传统媒体正积极地开发各种客户端，向用户提供数字移动信息服务，包括各类手机客户端、iPad平板电脑应用程序以及一些电子书阅读器等，随着智能手机的普及和性能的提升，手机已经成为传统媒体在电脑终端竞争之后的另一块重要领地。大批传统媒体开发了移动客户端，如《人民日报》《南方周末》《广州日报》《新京报》《中国新闻周刊》《凤凰周刊》，以及中央电视台等知名传统媒体。近几年，电子书阅读器的兴起加速了传统媒体的数字化进程。汉王公司与《京华时报》《新京报》《湖北日报》等传统媒体签约，将其报纸移到汉王电子书上，方便客户进行付费阅读。

传统媒体正在向新兴媒体过渡。目前，大多数传统媒体已开设了官方微博、微信公众号，这种渠道不仅能够有效提高新闻报道的时效性扩大自己的受众群体，而且还能有效提升媒体的知名度和信誉。此外，一些传统媒体甚至进入社交网络，积极探索新型的运作模式。一些电视台也积极与淘宝网等商业网站合作尝试网络购物与电视购物的资源整合，实现互利共赢。还有一些传统媒体通过与网友的互动，有效增强了传播效果。

一、网络媒体化进程不断深化

网络本来只是传播信息的渠道，但目前其生产信息的特征却越来越明显。中国科学院院士周光召感言："互联网已由一种信息技术手段，演变为在社会生活中扮演重要角色的新媒体。"如今，网络媒体发展已日趋成熟，以互联网、移动媒体为代表的新媒体，正在带来跨媒介、跨产业融合的全球传播新格局。

1998年5月，联合国新闻委员会正式提出"第四媒体"的概念，它指继报刊、广播和电视后出现的互联网和正在兴建的信息高速公路。"第四媒体"的概念存在广义和狭义之分：从广义上说，"第四媒体"通常就指互联网；从狭义上说，"第四媒体"是指以互联网为基础传播平台的新闻、信息网站。"第四媒体"又被称为"新兴媒体"和"网络媒体"。基于互联网的网络媒体囊括了三大传统媒体的许多优势，已经成为跨媒体的数字化媒体。网络媒体传播新闻，除具有三大传统媒体新闻传播的"共性"之外，还具有鲜明的个性。

(一) 即时性

网络媒体对突发事件的报道，不断刷新发稿时效的纪录。近年来，各大网站纷纷推出不同形式的滚动快讯，使网络新闻传播的时效性得到进一步彰显。随着网络图文直播、音频直播、视频直播、微博直播等传播形式的出现，网络新闻的即时性越来越高，传播功能日臻完善。网络媒体为凸显新闻时效性，对突发事件的报道争分夺秒。即使是日常新闻报道、新闻内容页面上发布的时间都精确到了秒，一些新闻列表的每个标题后也标注了发布时间。网络媒体实现了全天24小时随机发稿。人民网、新华网、新浪、搜狐等新闻网站和商业网站实行全天候发稿已经10余年。

(二) 海量性

网络媒体的每日发稿量远远大于传统媒体。

比如，网易、腾讯、新浪等许多网站首页和新闻频道主页的新闻链接总量，每日均高达上千条；同时，各个栏目源源不断地滚动播出相关新闻信息，发稿量和信息容量可见一斑。点击任何一条新闻网页，呈现给读者的除该新闻的内容之外，还有关键词、相似新闻、相关新闻、专题新闻和背景新闻等链接，为集纳追踪报道和相关信息，全面报道事件始末，极大地丰富了新闻内外延和背景资料，让读者充分享受新闻盛宴。除非人为清理或服务器在没有备份的情况下遭到破坏，理论上网络媒体所发布的新闻稿件和信息内容等，将以数字形式长期保存在资料存储容量巨大的服务器中。从这种意义上讲，网络媒体已经成为浩瀚巨大、包罗万象的新闻数据库。

(三) 便捷性

网络媒体新闻传播还具有检索功能强大、便于复制、易于存储等特点。百度等专业搜索引擎及一些网站自有的检索工具使用户上网查找新闻十分便捷，读者可以通过拷贝、下载、收藏、打印网页等方式，复制、存储相关资料。

（四）广泛性

网络媒体的传播范围非常广。从理论上讲，"网络传播无国界"，不受国家和地区行政区划限制。任何一个国家或地区，如果不采取特别的技术措施对境内外个别有害网站实施封锁，所有网站登载的内容都有可能供全球网民访问、浏览和下载。同样，世界上任何一个具备上网条件的地方，均可轻松浏览全球网站。事实上，即使运用防火墙等措施对一些境外网站进行封堵，网民也可以通过多种技术手段轻松将其突破。

（五）互动性

网络媒体新闻传播是媒体与受众、受众与受众之间的多向互动性传播，体现了大众传播和人际传播相结合的传播方式，是网络媒体最为显著的特点和优势。网络论坛、贴吧、留言板、聊天室、电子邮件、QQ、微信等即时通信软件吸引了大量网民积极参与信息传播、评论时事、讨论新闻话题等活动，极大地提高了网络新闻传播的亲和力、吸引力和影响力。近年来，网络媒体在"孙志刚事件""宝马撞人案""小悦悦事件""7·23动车事故"等现实事件中形成了强大的舆论声势，产生了巨大的社会影响。

（六）多媒体

网络传播采取文字、图片、音频、视频、FLASH动画等多种形式相结合的方式，运用数字技术，兼容报纸、广播和电视多种媒体的传播手段，丰富了报道形式，使新闻更为直观、形象、生动，增强了新闻的现场感和冲击力。网络媒体集文本、声音、图像等传播形式于一体,打破了传统媒体之间的界限,成为一种综合媒体。

二、媒体大众化进程正在发展

有人认为,报纸是第一媒体,杂志是第二媒体,广播电视是第三媒体,互联网是第四媒体,移动互联网是第五媒体。事实上,一种媒体或某个媒体的影响力很大程度上取决于媒体受众群体的大小。所以,从受众群体的规模和数量上看,互联网日趋呈现出"第一媒体"的特征和态势。

目前,中国有2,000多种报纸、9,000多种杂志、3,000多家广播电台和电视台。随着三网融合和4G、5G时代的到来,全国众多的手机用户都是新兴媒体潜在的信息生产者和信息发布者。

从媒体的覆盖范围和受众群体来看,广播问世30年之后才拥有了5,000万听众;电视拥有5,000万受众,用了近13年时间;而以互联网为基础的新兴媒体,拥有5,000万受众仅仅用了4年时间。

目前,传统媒体的吸引力正在不断下降,传统媒体的受众群也在不断减小。报纸的发行量和市场占有率出现萎缩,广播收听率及电视收视率明显下降。新兴媒体对传统媒体形成了巨大影响和压力。事实上,新兴媒体对民众的影响已经超过报纸、杂志、广播、电视、电影、戏剧、图书等传统媒体。

随着互联网的普及,BBS、论坛、聚合新闻(RSS)、新闻评论、新闻跟帖、SNS社区等技术平台的推出,打开了公众话语权的大门。可以说是"处处有媒体,人人是记者"。

如果说BBS、新闻跟帖等技术平台是社会公众依附于新闻网站搭车发表言论,那么博客特别是微博的兴起,催化了新闻媒体平民化、大众化进程，使公众取得了与新闻媒体同等的话语权。或许可以这样说，随着微博的快速崛起，新闻传播进入了"自办媒体"时代。

特别值得重视的是，微博传播无国界、不受时间限制、不受空间约束，其隐匿性、广泛性、开放性、交互性、实时性前所未有，很难跟踪、很难约束、很难管理。微博的采编、传播具有时间短、成本低的特点，人人都可采编，随时随地都能传播，在很大程度上满足了现代人对公共话语权的需求。同时，其集图、文、声、光、影等于一体的多媒体传播形式具有直观性、通俗性、大众化的特点，对受众具有天然的亲和力、吸引力和感染力。新兴媒体爆炸式膨胀，分散了传统媒体的受众，挤压了传统媒体的空间，稀释了传统媒体的话语浓度，钳制了传统媒体的作用，传媒领域正在面临重新洗牌的压力。对此，我们应该正视，更应该重视。

第二节　新媒体传播规律

早在2009年3月1日，时任中共中央政治局常委、中央书记处书记、中央党校校长的习近平，在出席中央党校春季学期开学典礼上的重要讲话中就强调指出，各级领导干部要按照德才兼备的要求加强自身修养，不断提高综合素质，要努力提高六个方面的能力：

一是要提高统筹兼顾的能力；二是要提高开拓创新的能力；三是要提高知人善任的能力；四是要提高应对风险的能力；五是要提高维护稳定的能力；六是要提高同媒体打交道的能力。学界习惯将习近平最后一点提到的"同媒体打交道的能力"称为"六号能力"。

"六号能力"强调的是要"尊重新闻舆论的传播规律，正确引导社会舆论，要与媒体保持密切联系，自觉接受舆论监督"。

习近平如此高度重视和强调这个能力，凸显出新时期党对新闻宣传和思想政治工作的空前重视。党政领导干部适应在媒体关注、舆论监督下开展工作，善于与媒体打交道，已经是头脑清醒、执政智慧、政治自信和新型执政能力的一种综合体现。党的十八大以来，习近平总书记更是高度重视互联网发展和新媒体建设，并在不同场合多次强调要"遵循新闻传播规律"，先后发表了"新媒体思想舆论工作的正道，在于化解负效应，激发正能量，成为治国理政、凝聚共识的助手""加快媒体融合发展，占领信息传播制高点"等一系列重要论述。譬如2013年习近平在"8·19"讲话中就指出："宣传思想部门承担着十分重要的职责，必须守土有责、守土负责、守土尽责。"

今天，宣传思想工作的社会条件已大不一样了，我们有些做法过去有效，现在未必有效；过去不合时宜，现在却势在必行；过去不可逾越，现在则需要突破。

那么，什么是新闻传播规律？

新闻传播规律，是指新闻传播过程中所形成的，传播主体如何通过传递新闻来满足信息受者（收受主体）新闻需求的规律。例如，党的十八大后中纪委就很好地把握了新闻传播规律，媒体总结了其"每周五公布案情"的规律，以致形成了多家中央媒体专门安排专人在周五定时守候刷屏的行为习惯。既然利用新闻传播规律可以起到较强的传播效果，那么如何进一步在媒体环境下按照新闻传播规律办事？

厘清这个问题，首当其冲是要区别界定"新闻"与"宣传"的内涵。北京外国语大学展江教授曾对新闻和宣传的概念进行过辨析，可谓精简独到：宣传重符号，新闻重信息；宣传重反复，新闻重新意；宣传重观点，新闻重事实；宣传重时宜，新闻重时效；宣传重操控，新闻重沟通；宣传有重点，新闻讲平衡。

通过以上六组概念对比，我们基本上能够看出，宣传往往具有很强的主观目的性以及策划性和操控性，更注重在一定的时机下以正面的事迹报道来塑造人的思想观念，进行舆论引导。与此相对应，新闻则更"喜好"负面信息进而"刺激"或引爆社会舆论关注，更注重事实的客观性、传播的时效性。但是，在新媒体"围观"环境下，大众参与的社会热点事件与突发性公共事件传播，则往往会从同一事件的不同角度、方位、时间，立体地、多维地解构事件的来龙去脉，并最大限度地还原事件全貌。这种区别体现在微博平台上，就是政府不再是信息的唯一发布者，而成为舆论场上的信息源头之一。微博信息内容的生产与传播、传播终端的形态和功能、媒介使用的心理与行为等，都让说教、灌输和"洗脑式"的宣传优势极大减弱，而让新闻适得其所、大行其道。

时下，全国政务微博越开越多并愈来愈普及，局面着实喜人，这也是社会化政务信息公开和信息发展的必然和必由之路。无视或轻视新媒体，无异于自断社情民意、自阻民心整合、自毁执政基石。取信于民，必须让"犹抱琵琶半遮面"的格局渐次淡去。

党政机关在新媒体环境下必须明确认识这种新闻传播规律的巨大变化，在适应信息裂变式的交互传播和复杂的舆论生态环境过程中，更应注意区分新闻与宣传的作用和传播特性，学会在互联网时代借用新媒体新闻传播方式，体现宣传意图，从而不断提升政务信息公开与新闻发布的传播力、公信力、影响力和舆论引导力。否则，传播效果会大打折扣。

近年来在灾难性的突发事件面前,政务微博所发布的新闻通稿依然沿用"新闻八股文"套路,千篇一律的"丧事当喜事办"的官话套话程式,不仅缺乏新意,而且越来越受到网民的诟病。

"新闻八股文"式的官方新闻发布,越是强调"领导重视",结果越是引发网民"目标更为明确的攻击",新闻通稿也越是容易引发"次生危机灾害"。在以往曾经发生过的政务微博"通稿事件"中,网友更是直言不讳地说:"通稿里的'问责名单'已经列得很清楚了,就照名单顺序直接问责!"

这样的新闻发布会,"全方位"地忽略了社会民众和网友对事件关注的核心信息:

①目前事件状况究竟有多么糟糕?

②相关伤亡人员目前救治如何?身体状况如何?

③受事件牵连影响而无家可归的群众生活安置工作怎么做的?

④目前事件处置的具体进展情况如何?

⑤当前事件处置采取了哪些措施?有没有遇到什么困难?

⑥事件发生的真正原因是什么?有无调查认定的结果?

⑦如何问责相关责任人?

基于微博新型传播的特性,与传统新闻发言人制度相比较而言,政务微博的新闻发布工作具有空前的开放性,政务微博更加快捷地满足了社会民众对政务信息公开的需求,能够及时发现舆情并顺应公众知情权力的诉求,在很大程度上弥补了传统新闻发言人制度的不足。换言之,政务微博新闻发布机制具有一定的优越性,微博正在催化、助推中国新闻发言人机制进行着以下方面的变革(见表5-1)。

表 5-1　传统政府新闻发言人制度与政务微博新闻发布机制比较

	传统新闻发言人制度	政务微博新闻发布
传播者	政府相关部门公务人员、依据新闻发言制度所专门设立的新闻发言人	具备党委政府官方机构身份信息认证的政务微博及其他公共服务类微博新媒体账号，均为官方的权威的新闻发布主体
传播特点	新闻信息严谨性、系统性强，权威性高，但时效性差	信息的严谨性、系统性差，但权威性高、时效性强，能够快速满足网民对事件的知情权和参与表达权，能及时有效引导舆论
媒介	传统媒介：报纸、广播、电视等，通过举行新闻发布会、新闻吹风会、通气会、记者招待会以及接受面对面媒体采访等	新媒介：基于微博的互联网全空间（包括基于"二次搬运"的新闻网站、微信、BBC、论坛、贴吧等网络信息空间），主要表现为政务微博发布信息、回应社会关切、反馈答复咨询等
受众	有限的新闻媒体，记者是其第一受众，信息经由新闻媒体的再加工后，以转达的方式传播到受众	基于微博的全生态网络社会中的海量网民，都是直接或潜在新闻传播受众，信息以直接对话的方式传播到受众
内容	发布的内容直接受限于新闻发布会的时间、场地以及组织召集成本，内容大多局限于关乎重大政策出台，事关社会公共利益的新闻事件定性、解读等	信息发布具有全天候、即时性和空间延展性的特点，内容涉及党委政府工作的方方面面，事无巨细均可在微博上公开发布，满足网民诉求
效果	单向性，空间受限的现场信息流动，强调上情下达，而缺乏下情上达的及时性、有效性回馈机制	即时、开放、交互性的政民对话与网络交流，裂变式传播，聚变式交互，非线性、图文音画立体信息呈现的数字化传播方式
风险	新闻发布会组织召集慢，发布时效性差	传播速度快，对政务微博新闻发布的准确性、严谨性，以及前后发布信息的连贯性和一致性存在考验

第一，从事件发展的阶段性、周期性的新闻发布，向动态化、全程化、参与式的新闻发布升级，并以即时性、"碎片化"的事实信息，进行"确认式"新闻发布。

随着移动互联网的普及和移动终端的大量推广应用，在越来越多的突发性公共事件面前，来自事件现场的民众可以随时随地通过移动终端，从不同角度通过视频、音频、图片和文字，即时发布现场动态信息，并在微博上进行裂变式传播。这就必然要求政府新闻发布必须伴随事件处理的全程，随时不间断地对这些信息的真实性、客观性、有效性进行全面确认，并对确认后的信息进行及时的、公开的"声明式"反馈，从而成为一种新型的新闻发布方式。

第二，新闻发布从"有准备发言"向利用政务微博等新媒体平台"时刻准备发声"转变。

与传统新闻发言人机制相比，政务微博的新闻发布具有较明显的碎片性、较强的随机性和较大的灵活性。从某种意义上讲，它是在与舆情赛跑，时刻需要准备出面澄清谣言、还原事件真相，并对不实信息和谣言进行及时排查和治理，从而更为积极主动地驾驭事态、引导舆情、稳定民众情绪，并抢占新闻发布的"第一时间"。

因此，政务微博一改传统新闻发布"有准备发言"的常态，而随着事件核心调查小组的调查进程，随时掌握事件进展消息，准确发布新闻（这样做，就彻底打破了以往突发事件后被网民追着"要真相"，被媒体追着采访的被动格局，政务微博首发报道，遇事不捂，主动发布，既避免了被民间误传讹传的舆论风险，更掌握了对不实信息辟谣的主动权。

第三，新闻发布从面对传统型媒体到面向包括传统媒体在内的网络全生态社会参与群体转变。

传统的新闻发布主要面向参加新闻发布会的现场新闻媒体单位和记者,党政机关与社会民众、网民之间的信息传递是间接的,且即时性、互动性弱。而政务微博新闻发布直接架设了党委政府和社会民众、网民之间即时沟通的桥梁,这不仅有利于保证信息传播与反馈的真实,更有利于提高新闻发布的工作效率和信息抵达的精准度与覆盖率。

第四,新闻发言人从"传声筒"向直接参与突发公共事件的高层会议决策者转型。

传统新闻发言人一般就事件的发生过程和进展动态进行了解、汇总分析后,确定新闻发布的口径(即新闻通稿),然后再面向媒体单位和新闻记者进行发布,并且仅就新闻发布会在场且有限的记者提问进行回复即可。但是面对开放式的微博新媒体,需要回应和反馈的问题往往是多角度甚至是意想不到的质询与问责。这就要求政务微博管理者必须直接参与舆情事件的一线处置。线下随时掌握调查信息,线上把握网民提出的问题,并对其进行准确回应,并将事件处置、信息收集、新闻发布作为突发公共事件的处置来同步操作,密切监测舆情发展趋势并接受微博公众的质询、意见甚至情绪,及时参与决策沟通,并尽快做出回应、表态和补充信息的确认与发布。

2012年1月18日,在国务院新闻办公室发布会结束后,时任中共中央对外宣传办公室、国务院新闻办公室、国家互联网信息办公室主任的王晨在回答记者提问时表示,他总结了2011年"7·23"动车事故中新闻发言应对不当的教训。

王晨指出,遇到动车事故等类似重大突发事件后,应让新闻发言人及时进入事件核心调查小组,方便了解事件进展,以便准确发布消息。王晨说,少数新闻发言人在突发事件面前存在着不能够及时回应，特别是存在不能准确地、实事求是地进行新闻发布的问题和不足，给突发事件的处置造成被动，对政府形象在一定程度上造成影响。

新闻发言人在突发事件中必须参与一线处理，要把信息收集、新闻发布作为突发事件处置来一同布置、一同了解，而不是隔一层甚至两层。以往的教训就是，新闻发言人没有参加，突然把他叫过来让他发布，那是丈二和尚摸不着头脑，怎么可能发布好？所以今后要大力推进这项制度的建立。特别是对于突发敏感事件，新闻发言人一定要站在第一线，及时掌握信息，准确回应，提高新闻发言人的水平。

第五，新闻发布从效率向效能转变。

传统政府新闻发言人和社会民众之间的信息传播是通过电视、报纸等"程式化"的输出模型一次性完成的，但是在新媒体时代，新闻资讯可以通过多次互动反馈和确认来完成，这些都明显有利于提高新闻发布工作效率和传播效能的提升。政务微博新闻发布不需要组织召集媒体单位专门开新闻发布会，发布方式更为简便，程序更为简捷，反应速度更快。政务信息公开的考量也从传统衡量新闻发布会场次的效率，向是否能够更为及时、有效地协调社会关系和化解社会矛盾的效能转型。

互联网没有日出而作、日落而息的昼夜交替。

微博，已经成为党委政府在新媒体时代"永不落幕的新闻发布厅"。

第三节 舆情处置与媒体应对

一、舆情处置中首先要做好宣传工作

（一）要提倡大宣传概念，明确内宣和外宣的区别

内宣主要靠自己现有的电台、电视台、报纸和网站，内宣主要是为政府和企业自身服务，主要是一种工作动态的播报和展示。外宣主要是对外展示和推广本单位好的做法和工作亮点，主要靠各级媒体（包括网络媒体），必要时要借助上级媒体和中央媒体。

（二）要结合单位实际做好宣传和信息发布等相关工作

许多单位都有新闻通讯员，通讯员的工作不是简单地写个稿件、拍张照片，通讯员也是信息员、联络员、观察员，要时刻眼观六路、耳听八方，时刻围绕单位的实际情况，积极主动地开展各项工作。

要善于与媒体打交道，要善于运用媒体。要结合单位实际，做好宣传和舆情监控工作，发现问题要及时汇报。要学会新闻策划，而不是一味地策划新闻。通讯员要多学习，要善于运用新媒体进行宣传，要利用多种途径扩大宣传效果。

微博、微信是现在比较流行的新兴媒介，要善于运用和掌握。

实践与应用不断证明：在不同媒介对同一事件的直接传播中，政务微博和新兴媒介族群各自具有不可替代的综合功能和作用，我们要善于区别和应用。

(三) 要利用自身开办的新媒体做好宣传工作

做好宣传工作，不要流于形式，人云亦云，要注重宣传性、宣传效果和社会效应。一个信息发布出来，里面领导姓名和领导职务介绍一大堆，这是大家很反感的事情。宣传要接地气、要有可读性、要能引起读者的共鸣。点击量达到"10,000+"是最好的评价。

二、如何与媒体打交道

首先，需要深刻理解并厘清媒体的性质和社会功能。媒体是党委政府和人民的"耳目"和"喉舌"，新闻事业是党的事业的一个重要组成部分，这是新闻媒体的党性原则所决定的。作为信息介质，新闻宣传一直是媒体的基本功能之一。

其次，媒体作为连接政府与社会的桥梁，起着内通外联、传递信息的作用，还承担着"下情上达"、沟通社会的大众传播职能。譬如，民众建立对公权力部门的形象认知与社会认同，最重要的渠道就是通过媒体对党和政府的路线方针、政策规划的解读与引导。

再次，新闻媒体在某种程度上一方面代替党委政府部门进行舆论监督，另一方面又是社会意志和民众意愿的代言人，向党政机关传递着社情民意，发挥着监督和促进政府社会治理与公共服务部门改进工作、纠正错误的舆论监督功能。尤其是在信息化、全球化和网络化的当代，媒体已经被看作是继立法、行政、司法之后的"第四种权力"，它已经成为一种重要的公共力量，社会影响越来越大。政府和媒体是关系紧密的"伙伴"，媒体不仅是政府的"喉舌"，也是为人民群众利益代言的"喉舌"，从根本上说，政府与媒体所代表的利益是一致的。

然而，近年来，一些地方党委政府的官员脱离群众，习惯并偏向于听媒体"说好话""报喜不报忧",从而拒绝媒体监督和社会监督,甚至还对新闻媒体产生了恐惧,形成了"防火防盗防记者"的敌意立场,抢相机、砸机器、非法拘禁记者等极端情况也时有发生。

发生这类怪事的原因,正是因为他们脱离群众路线,心中没有人民群众,也忽视了执政为民就是时刻要将人民群众的根本利益放在首位的原则,因此他们的头脑中也难免产生将党和人民对立的荒谬逻辑,误认为坚持本政府部门的意志就是体现党的意志,新闻媒体作为党和政府的喉舌理当为政府部门说话,怎么管起了老百姓的"闲事"了?说到底,这是"官本位"意识替代了"民本位"思想,政府信息公开意识不强,一心只想着自己的"面子"、形象和利益,拒绝反省认错承担责任。而一味拒绝媒体监督就是一种僵化思维和官僚作风的表现。

政府与媒体的关系,本质上应该是紧密的伙伴关系。

政府与媒体的关系是在互为诚信、互相尊重的基础上相互依存的伙伴关系。在高度发达的媒介社会化条件下,媒体已成为政府与公众之间最重要的信息桥梁,保障这座桥梁的通行畅达和信息传递的准确高效,是政府赢得公众支持和信任的必要条件和基本途径。

因此,政府必须积极主动地与媒体建立协同关系,充分发挥媒体的信息传播、新闻监督和舆论引导等社会功能,借助媒体的传播力和影响力,树立和巩固政府形象,实现政府以人为本、为民谋利、科学发展的工作目标。

三、发生负面新闻事件的原因分析

一个地区一段时间内发生的新闻事件过多,在某种程度体现了当地处理新闻事件和应对媒体的工作能力。究其原因,还是有些领导应对媒体的能力欠缺，处理新闻事件的工作水平不够。这就要求我们必须学会与媒体打交道，学会与记者交朋友。记者也是人，而且高素质的记者都是有思想、有人格、有品位的人，与他们正常沟通是没有问题的，我们工作中的一些小问题和纰漏也是能得到他们的理解的。

所以，尊重媒体、尊重记者是很重要的，我们要善于换位，要变"我要宣传"为"要宣传我"。同时我们也要与媒体建立良好的合作关系，时常保持信息畅通，在遇到突发事件或者是新情况的时候，有自己的传播器具和传播通道，这样才不会使得我们被动。

附：近几年来典型新闻事件及原因分析

陕西"表哥"杨达才事件

2012年8月26日发生在陕西延安的特大车祸令举国震惊，然而，车祸现场竟然有一名官员面带微笑。经网友核查，该官员是陕西省安监局局长杨达才。然而，随着网友对杨达才关注度的提高，网友发现，杨在出席不同的活动时，经常更换自己的手表，至少有5块不同的名表，而且这些手表大都价值不菲。另有网友表示，他在一年前就曾关注杨达才，杨的表不止这几块。

关于对名表的质疑问题，杨达才回应称，这十多年来确实买过5块手表，不过都是用自己的合法收入购买的。他称这几块表里面，最贵的一块是今年买的万宝龙106500型号，价格是3.5万元，不是江诗丹顿牌；其他几块表的牌子跟网友所说的差不多，每块价格大致在1万~2万元左右。他已就此问题向纪律监察部门做了汇报。

杨达才存在严重违纪问题,依据有关纪律规定,经省纪委常委会研究并报经省委研究决定:撤销杨达才陕西省第十二届纪委委员、省安监局党组书记、局长职务。对调查中发现的杨达才的其他违纪线索,省纪委正在进一步调查。

案例分析:这一事件充分说明与媒体打交道的重要性和科学性,杨达才没有实事求是,没有坦诚地面对问题,致使事件继续发酵和升级。杨达才的出面只是一个掩饰,没有真正达到解决问题的目的,只能说是越描越黑,适得其反。

第四节　突发事件与舆情应对

一、突发事件应对

突发事件就是意外的突然发生的重大或敏感事件,简言之,就是天灾人祸。前者即自然灾害,后者如恐怖事件、社会冲突、丑闻和大量谣言等,专家也称其为"危机"。

突发公共事件主要分自然灾害、事故灾难、公共卫生事件、社会安全事件等四类。

《国家突发公共事件总体应急预案》强调,"突发公共事件的信息发布应当及时、准确、客观、全面。事件发生后的第一时间要向社会发布简要信息,随后发布初步核实的情况、政府应对措施和公众防范措施等,并根据事件处理情况做好后续发布工作。"并规定,信息发布形式主要包括授权发布、散发新闻稿、组织报道、接受记者采访、举行新闻发布会等。

微博高效的社会信息交流,使其成为官民沟通的重要平台。在公共突发事件的引发和发展过程中,微博起着不可替代的作用。对可能引发公共突发事件的敏感问题或已发生的突发事件,政府选择主动积极应对还是被动应付或集体失语的后果是截然不同的。如果政府主动应对,在第一时间做出反应,迅速通过各种媒介发布权威信息,谣言将不攻自破,微博舆情危机将迅速消解,通过对敏感问题的关切及正确引导,微博舆情走势会瞬时转向,事态将得到有效控制和解决。2011年"全国抢盐事件"就是一个鲜明的例证。反之,如果政府集体失语,或反应迟缓,或闪烁其词,微博谣言或负面信息的无障碍传播将瞬间引发社会舆情,引爆公共突发事件或使突发事件迅速扩大,这无疑将增加事件处置难度,浪费公共资源,并严重损害政府威信。

(一) 快报事实

不同媒体的第一时间概念不同,如报纸黄金24小时、电视黄金4小时、微博黄金1小时。

快报事实强调的是新闻发布的及时性,政府要第一时间发声,第一时间处理问题,做突发事件的"第一定义者"。事实上"黄金4小时"的功夫并不只在这"4小时"上,更在地方政府部门长效机制的建立上。微博快速传播的特点也决定了微博上的舆情处置在很短时间内有可能产生"最大变数"。这就要求政务微博应当有上前一步、抢先一时的意识来争取主动。

微博时代"第一时间"概念在提前的同时,也呈现出动态特征,即突发事件不同，对"第一时间"的要求也不同。因此，形成了"黄金6小时""黄金4小时""黄金1小时""争分夺秒"的"第一时间"概念。有的地方政府对"第一时间"做出了明确规定，如，南京规定：对于灾害性、突发性事件，政府要在事件发生后的1小时内或获得信息的第一时间，进行微博发布。"问政银川"则要求在"工作时间1小时内、节假日休息8小时内回复"。即使错过黄金时间，官博也应及时夺回舆论麦克风。

政务微博运营过程中的很多案例证明，在突发事件面前，反应迟滞则事态发展很可能失控。2014年9月13日，广东博罗发生民众反对建垃圾焚烧厂的群体性事件，实际上在9月10日微博上就有相关内容在传播，但当地政府并未充分重视，以致发生了数千人参与的群体性事件。形成鲜明对比的是，昆明PX项目引发市民游行和微博负面舆情，昆明市市长李文荣第一时间开通认证个人微博，对PX项目的传言进行回应，并结合专家观点进行科普知识传播，最大程度上取得了市民和公众的理解。

（二）慎报原因

在事情还在调查、没有明确结论的情况下，政务微博不要贸然播报原因，一旦有误，将会损害政府公信力。贵阳大火，@微博贵阳在第一时间发布信息，做到了"快报事实"，但是在这条信息的最后，它添加了"贵阳公交车自燃"的话题，实际上是给这场大火的原因做了结论，但是最后警方的调查结果表明事件属于人为纵火。

（三）避免自我表扬

突发事件发生，尤其是灾难性的突发事件发生后，公众情绪普遍悲伤，如果在这时过分渲染领导重视、行动迅速之类的细节，很容易引起公众反感。哈尔滨大火发生后，@哈尔滨发布所发通稿中，大部分篇幅都在描述各级领导如何如何，对最重要的消防员伤亡情况却一笔带过，引发公众愤怒，形成突发事件中的舆情。

（四）避免激化矛盾

在一些突发群体事件发生时，官方通告往往充斥"不明真相的群众""敌对势力指使"之类的话语，此类话语容易招致网友反感，引发对立情绪，要避免使用。

2015年3月24日，新疆克拉玛依发生火灾，@克拉玛依发布在发布信息时，要求网友不发布相关图片、视频，这一怪异要求引发网友大量吐槽，与20多年前"让领导先走"的那场克拉玛依大火联系起来，引发舆情；@博州发布聚合网友的吐槽进行抨击，将舆情升温。

（五）突发事件中官微的服务

在突发事件尤其是自然灾害中，政务微博除了发布预警、救援等信息，也能够成为有用的服务平台。2014年5月深圳大暴雨，深圳政务微博集体行动起来，为民服务，其中以@深圳交警最为抢眼。对于网友艾特给他的求助信息，@深圳交警立即转发给相关分局、派出所安排警力前往救助。

二、舆情应对

舆情是指民众对社会管理者及其政治取向产生和持有的社会政治态度。

（一）舆情与突发事件的关系

舆情可能是突发的，也可能不是突发的。突发事件可能引发舆情,也可能不引发舆情。

舆情是"舆论情况"的简称,是指在一定的社会空间内,围绕中介性社会事件的发生、发展和变化,作为主体的民众对作为客体的社会管理者及其政治取向产生和持有的社会政治态度。它是较多群众针对社会中各种现象、问题所表达的信念、态度、意见和情绪等表现的总和。

第一,不要躲。舆情突发后,各路媒体蜂拥而动,记者八方云集,面对种种质疑,相关管理部门推三阻四,避而不见,只会加重舆情,使得谣言横飞,丧失处置舆情引导舆论的主动权。

第二,不要拖。不能以应对传统危机的经验来处置网络舆情,"拖一拖就会过去"的思想并不能真正解决问题,而沉默只会将问题越拖越大,进而丧失自己的立场,葬送自己的公信力,影响自己的网络形象。

第三,不要堵。舆情事件引起舆论滔天,引来无数围观网友,对事件原因、经过、结果不宣传报道,不释疑解惑,实施信息封锁,以灭火心态处置,只会让网友更加猜测背后的真相是什么,把简单的问题复杂化,舆论往往会偏离应有轨道,甚至会引发恶果,造成社会危机。

第四,不要对抗。引起网络关注的事件一般是因为有悖于常理和常识。在网络情绪面前,视舆论呼声于不顾,固执己见,不接受批评,逆网络舆论压力而行,采取与网络民众对抗的方式处理问题,违民心民愿,极不可取,非智者所为,更易让真相错综复杂。

(二) 如何发现舆情

借助舆情监测产品及时发现舆情。微博管理员要时刻关注网上舆情信息,从微博、本地论坛等各种渠道及时发现、上报舆情。对热点信息、敏感信息不妨小题大做,及时上报、持续观察、科学研判、准确应对。

借助政务微博舆情产品可以更快、更及时地发现舆情。新浪政务微博舆情产品通过预警词、敏感词、报警词等多重关键词的设置,大大提高了发现舆情的精准度。报警信息可以通过邮件、手机送达微博管理员。

(三) 如何应对舆情

新形势下,我们的工作和生活中会不时发生这样那样的事件。事件发生后,就会有媒体介入去了解情况、应对舆情。但是这对于没有经验和工作能力的人来说是一件难事,其方式方法就尤为重要。

1. 诚实应对

真实是"产品"的底线,也是舆情应对的底线。政务微博的"底线"就是信息权威真实,如果出了明显的错误,损害的是自己和政府的公信力。警惕祸从口出,发布虚假的应对微博相当于制造舆情。

陕西"表哥"杨达才事件发生后,杨达才开了微博,举办了一场微访谈,表现出良好的危机公关意识。但是面对网友的质问,他却说有且只有5块表,被网友揭发出他在撒谎,舆情未能平息反而扩大。

2. 谁来应对

舆情应对需要多个部门协同配合完成。事件主管部门应该是舆情应对的主体。宣传部门有协调之责,但是难以越俎代庖。

3. 要立足解决问题

现在看到负面报道,大家第一时间想到的往往是删稿删帖,其实，在"人人都是麦克风""人人都是通讯社"的自媒体时代，不注重解决问题，负面网帖永远删不完。媒体曝光后，第一时间要反思有没有问题，如果有问题要赶紧解决，解决问题是舆论引导的关键和基础。

（四）适应新常态，做好新时期新闻舆论工作

首先，媒体介入和记者前来采访，要主动热情一点。不管是宣传报道还是批评监督，来者即是客人，要热情、主动接待，弄清楚记者的意图，做到自己心中有数。同时，及时将情况汇报给有关领导，并做好有关情况的准备工作。切记，千万不可没有礼貌，与记者发生争执甚至争吵对舆情应对来说是极为不利的。

参考文献

本书编写组. 习近平新闻思想讲义（2018年版）[M]. 北京：人民出版社、学习出版社，2018.

本书编写组. 新闻学概论[M]. 北京：高等教育出版社：人民出版社，学习出版社，2009.

任贤良. 舆论引导艺术：领导干部如何面对媒体.[M]. 北京：新华出版社，2010.

汪兴明，李希光. 政府发言人15讲[M]. 北京：清华大学出版社，2006.

吴晨光. 自媒体之道[M] 北京：中国人民大学出版社，2018.

柯楚. 大国崛起：舆论传播策略[M]. 西安：世界图书出版公司，2016.

侯锷. 问政银川："互联网+社会治理"方法论[M]. 北京：国家行政学院出版社，2015.

后 记

新闻舆论工作是党的一项重要工作,是治国理政、安国定邦的大事。党的十八大以来,习近平总书记对加强和改进新闻舆论工作提出一系列富有创见的新观点、新论断、新要求,他以中国特色社会主义伟大事业为时代背景,以实现中华民族伟大复兴中国梦为奋斗目标,科学回答了党的新闻工作长远发展等一系列根本性、战略性、全局性重大问题,深刻论述了党的新闻舆论工作的历史方位、职责使命、方针原则等重大课题,形成了体系完整、科学系统的新闻思想,与我们党长期形成的新闻思想一脉相承又与时俱进,丰富和发展了马克思主义新闻理论,是做好新时代党的新闻舆论工作的科学指南,为新时代新闻舆论工作指明了前进方向、提供了根本遵循。

中国特色社会主义进入新时代,我国新闻事业蓬勃发展,取得了令人瞩目的历史性成就。时代是思想之母,实践是理论之源。新闻舆论工作的伟大实践助推了我们各项事业的发展,在新的时期,学习和运用新闻舆论方略对各级党政干部、企事业管理人员、各类社会组织负责人做好新闻舆论工作都有很大的帮助。《新闻舆论方略》结合新时期新闻舆论工作的特点和要求，总结梳理新时期新闻舆论工作的方法。全书分为《绪论：习近平关于新闻舆论工作的论述》以及《新闻传播》《新闻宣传》《新闻发布》《新兴媒体》《新闻舆论》五个章节，约17万字，比较全面地介绍了新时期新闻舆论工作的特点、要求、方法，尤其是对微博、微信、微信公众号、自媒体传播、短视频等新兴媒体的发展及应用技巧做了一定的探讨和研究。希望本书的出版对新时期从事新闻舆论的工作者有一定的指导意义。

笔者从事新闻舆论工作十多年，近年来一直致力于新闻舆论工作方法的研究，尤其是对新兴媒体有所研究，对舆情的处置与应对积累了一定的工作方法和经验，先后策划、组织各类新闻舆论宣传骨干培训班多次。本书是在笔者不断学习、研究和探讨之下产生的笨拙之作，在写作过程中也学习和借鉴了前辈和同行们的经验和知识，主要目的是为了把更好的新闻舆论工作方法分享给大家，与大家一起提高新闻舆论工作能力。

此书在写作过程中得到了宣传部门诸多领导和新闻从业者的指导，笔者不胜感激。由于笔者水平有限，写作此书对自己也是一个挑战。历时两年多时间，多次修改整理，书中错误仍在所难免，恳请大家批评指正，提出宝贵意见，以便改进。